LES MAIRES

DE LA

VILLE D'ARNAY-LE-DUC

(1596-1867)

ÉTUDE HISTORIQUE ET GÉNÉALOGIQUE

PAR

ALBERT ALBRIER

Membre de l'Académie des Sciences, Arts, Belles-Lettres et d'Agriculture de Mâcon,
de la Commission des Antiquités de la Côte-d'Or,
de la Société d'Histoire et d'Archéologie de Châlon-sur-Saône,
de la Société éduenne, de la Société d'études d'Avallon, etc., etc.

DIJON
IMPRIMERIE J.-E. RABUTOT
Place Saint-Jean, 1 et 3.

—

1868

A M. JULES D'ARBAUMONT

Membre de la Commission des Antiquités de la Côte-d'Or, de la Société éduenne, de la Société d'Histoire et d'Archéologie de Châlon-sur-Saône, de la Société des Sciences historiques et naturelles de Semur.

Monsieur et cher Collègue,

L'histoire de notre Bourgogne n'a pas de secrets pour vous, et l'archéologie vous est aussi familière que l'art héraldique. Je sais aussi que votre amabilité égale votre érudition. Que de fois, en effet, ne m'avez-vous pas éclairé de vos lumières et de vos conseils? En vous dédiant ce travail, où se trouve plus d'un nom qui vous est cher, je ne fais qu'acquitter une bien faible dette de reconnaissance. Acceptez donc cette étude comme un souvenir d'amitié, et veuillez, je vous prie, agréer, Monsieur, l'assurance de mes sentiments dévoués et sympathiques.

Votre tout dévoué Collègue,
Albert ALBRIER.

Dijon, le 20 novembre 1867.

LES MAIRES

DE LA

VILLE D'ARNAY-LE-DUC

(1596-1867)

ÉTUDE HISTORIQUE ET GÉNÉALOGIQUE

Non loin des montagnes granitiques du Morvand et presque sur les confins des départements de la Côte-d'Or et de Saône-et-Loire, s'élève la charmante petite ville d'Arnay-le-Duc. C'est sous ces murs qu'Henri IV remporta sa première victoire, le 27 juin 1570, et c'est dans cette cité qu'il vint, après la bataille, se reposer et se préparer à de nouveaux succès.

Arnay, certes, a été fertile en grands noms et en grands caractères. Citerai-je Bonaventure des Périers, écrivain remarquable, penseur profond, poète à la verve étincelante, à l'imagination vive et brillante, en un mot, l'un de nos maîtres en l'art d'écrire ; citerai-je aussi Charles Theveneau de Morande, dont l'esprit mordant et la plume incisive jetèrent plus d'une fois l'émoi à la cour de France ; citerai-je enfin le général baron Claude Testot de Ferry, héroïque officier dont les fastes militaires du premier Empire célèbrent à chaque bataille la vaillance et les hauts faits ?

Rappellerai-je encore les noms de Mgr François Mangeard, mort en 1584 évêque de Négrepont ; Jean Guillaume, député aux Etats de Blois de 1588 et chargé de porter la parole au nom du Tiers-Etat ; Jean La Curne, « ami d'Apollon et des muses, » et dont le petit-neveu, Jean-Baptiste La Curne de Sainte-Palaye, fut de l'Académie française et de celle des Inscriptions et Belles-Lettres ; François Florent, grand jurisconsulte et professeur de droit-canon à Paris au XVII° siècle ; Jacques Raudot du Coudray, conseiller à la cour des Aides de Paris en 1678, puis intendant du Canada, où l'on n'a pas encore oublié son administration aussi habile qu'éclairée ; Antoine Raudot du Coudray, mort en 1737 directeur de la Compagnie des Indes et conseiller de marine après avoir été inspecteur-général de la marine et intendant du Canada; Claude Quillot, dont le nom a retenti si douloureusement au commencement du XVIII° siècle; Alexis Artus, deux fois recteur de l'Université de Paris sous Louis XIV; Antoine de Marcenay d'Eghuy, membre de l'Académie de Saint-Luc, artiste d'un rare mérite; Antoine Guiot, député aux Etats généraux de 1789; Gui Bouillotte, député du clergé à ces mêmes Etats généraux; Bernard, chevalier de Bonnard, sous-gouverneur des enfants du duc de Chartres, poète plein « de délicatesse, de grâce, d'originalité et d'élégance, » et dont le fils, membre de l'Institut, a laissé dans la science géologique des travaux estimés; Jean Courtot, oratorien distingué; Charles-Louis chevalier Bonnard, ingénieur de marine à Toulon, écrivain des plus remarquables, qui sut allier à la profondeur de la pensée l'agrément du style; Justinien-Paul-César La Virotte, inspecteur des finances, fondateur de la Société éduenne, qui aimait à charmer ses loisirs par la culture des lettres? etc., etc.

Proclamons-le bien haut, entre toutes les petites villes de la Bourgogne, aucune n'a fourni des sujets aussi distingués dans les lettres, les sciences, les arts, le sacerdoce et l'armée. Elle a donné aussi bien des hommes de mérite à cette haute magistrature municipale qui a pour mission de gérer les affaires de la commune. Par une rare prérogative, tous les maires de la ville d'Arnay-le-Duc, jusqu'à la Révolution française, appartenaient à la haute bourgeoisie; et, parmi ceux qui depuis 1790 ont régi les affaires municipales d'Arnay, quatre personnes seulement n'ont pas leur nom inscrit dans le livre d'or de cette autre noblesse bourguignonne. Il nous a semblé qu'il y avait là une étude des plus curieuses à faire; cette étude, nous la publions aujourd'hui : c'est le fruit de recherches nombreuses et approfondies dont nous pouvons garantir l'exactitude.

La ville d'Arnay-le-Duc reçut du duc Hugues IV, qui en était seigneur, certaines franchises par une charte du 24 avril 1233, que nous rapportons d'après Pérard.

« Ego Hugo, dux Burgundie, lit-on dans cet acte important, notum facimus universis presentem cartam inspecturis, quod ego, hominibus meis de Arneto, de Siveri et de Chasseni et de iisdem similiter qui in dictis locis sub dominio meo manserint, talem libertatem dedi et in perpetuum concessi, quod ditior dictorum hominum pagabit tantum modo viginti solidos divionenses monete singulis annis infra festum B. Romigii. Alii vero homines qui in predictis locis sub domino meo manebunt, qui predictam summam pagare poterunt, Prepositus meus ejusdem loci, qui pro tempore fuerit, debet sub juramento ab ipso corporaliter prestito taxare et admensurare illos fideliter. In cujus rei memoriam et testimonium presentes litteras supradictis hominibus tradidi sigilli mei munimine roboratas. Actum est hoc anno Domini ducentesimo trigesimo tertio mense maio (1). »

Quand la ville fut-elle admise aux droits de commune? on l'ignore : peut-être au XIII⁰ siècle, quelque temps après l'octroi de la charte que nous venons de citer. Quoi qu'il en soit, ce n'est que vers le milieu du XV⁰ siècle, en 1466, que l'on trouve à Arnay une administration municipale ; alors cette cité est régie par des échevins et un procureur-syndic, magistrats élus par les habitants dans une assemblée tenue le jour de la Saint-Pierre, sous la présidence

(1) V. Pérard, p. 426.

du chef de la justice. En 1596, le 29 juin, paraît pour la première fois d'une manière certaine la forme administrative qui a duré jusqu'à nos jours : deux échevins et un *maire*. Celui-ci fut primitivement élu par les habitants ; plus tard, en 1692, il dut acheter cette fonction, alors à vie, moyennant une finance de 8,000 francs.

Certains priviléges étaient attachés à cette place de maire : aussi était-elle fort recherchée, et, pour l'obtenir, que de démarches ne faisait-on pas ! Qu'on nous permette de citer ici une lettre que le comte de Saint-Florentin, alors ministre, écrivait aux Elus des Etats de Bourgogne le 15 août 1747. Le maire d'Arnay, Charles Languet de Sivry, venait de mourir ; pour lui succéder, les Elus présentaient Marc-Antoine Factet ; mais un autre avait gagné la faveur de la cour par d'adroites manœuvres et devait être nommé :

« Messieurs, disait le comte de Saint-Florentin, j'ai reçu la lettre que vous avez eu agréable de m'écrire le 20 du mois dernier, au sujet de la place de maire d'Arnay-le-Duc, qui se trouve vacante par le décès du sieur Languet, et pour laquelle vous proposez le sieur Factet, habitant de la même ville, dont on vous a rendu de bons témoignages. J'ai reçu dans le même temps une lettre de M. le Prince Charles, qui s'intéresse vivement pour le sieur Philibert Réfort, avocat au Parlement, et qui me prie d'engager le roy à lui être favorable; comme il est gouverneur de cette ville, j'ai cru devoir suspendre de témoigner à Sa Majesté ce que vous m'avez marqué concernant le sieur Factet, persuadé qu'étant informé des intentions de M. le Prince Charles, vous vous ferez un plaisir d'entrer dans ses vues et de proposer pour remplir cette mairie le sieur Réfort. J'attends sur cela de vos nouvelles et suis très véritablement, Monsieur,

« Votre très humble et très affectionné serviteur.

« Signé St-FLORENTIN (1). »

(1) L'original de cette lettre, datée de Paris, appartient à M. Abel Jeandet (de Verdun), qui a bien voulu nous en donner communication. Qu'il reçoive ici l'expression de tous nos remerciments. Personne, d'ailleurs, n'ignore que sa bienveillance égale son savoir. — Que l'éminent archiviste de la Côt-de'Or, M. Joseph Garnier, reçoive aussi l'expression de toute notre gratitude; à une exquise courtoisie il unit une grande érudition; ses conseils nous ont été d'un précieux secours.

Cette fonction de maire était plus importante qu'on ne le croit communément; le costume officiel lui-même était des plus imposants : robe violette en satin, chaperon pareil bordé d'hermine, manches et revers de la robe de satin cramoisi, boutons et boutonnières rouges, et cravate à longs rabats blancs. Combien ne devait-il pas plus émouvoir la foule que la simple écharpe tricolore, attribut actuel d'un maire?

I

Le premier maire d'Arnay-le-Duc fut noble Pierre Bricard, en 1596. Il appartenait à une ancienne famille originaire de Givry, près Chalon-sur-Saône, qui portait d'azur à un chevron d'or acompagné en pointe d'une tête de Maure d'argent bandée de sable, *alias* d'argent au chef d'azur chargé de trois étoiles d'or. En 1570, Pierre Bricard était échevin d'Arnay; en 1610, David Bricard; le 2 juillet 1607, Etienne Bricard, contrôleur alternatif au grenier à sel d'Arnay, se démet en faveur de François Factet (1);

(1) V. Archives de la Côte-d'O., *chambre des Comptes*, B. 34, f. 99.

le 16 janvier 1623, Claude Bricard est pourvu de l'office de receveur particulier héréditaire, alternatif et triennal des gabelles au grenier à sel d'Arnay (1); en 1627, David Bricard succède à Claude son père (2); le 14 juillet 1551, Sébastien Bricard, notaire royal à Baissey, était seigneur de Chevreau (3) ; en 1563, Jean, son fils, aussi notaire royal, vend ce fief à Charles de Villeneuf, écuyer, seigneur de La Tour du Bois (4); en 1620, Daniel, notaire royal à Givry, était seigneur de Chatelmoron (5), fief que Philippe, héritier de Daniel, et sergent général à Chalon, vendit à Jean de La Menue le 20 mars 1642 (6); en 1578, Guillemette Regnard était veuve de noble Gilles Bricard, avocat à la Cour (7); en 1684, Lazare Bricard était notaire au bailliage de Saint-Jean-de-Losne, et

(¹) V. Archives, chambre des Comptes, B. 39, f. 25 bis.
(2) V. Archives, chambre des Comptes, B. 40, f. 271.
(3) V. Archives, chambre des Comptes, B. 10635.
(4) V. Archives, chambre des Comptes, B. 10652.
(5) V. Archives, chambre des Comptes, B. 10720.
(6) V. Archives, chambre des Comptes, Recueil de Peincedé, l. XI, p. 487.
(7) V. Archives, chambre des Comptes, Recueil de Peincedé, l. XVII, p. 689.

Dominique, son frère, huissier aux requêtes du Parlement de Dijon (1).

II

1599. Gabriel Soirot : armes d'azur à trois épis d'or, deux et un au soleil de même en chef. En 1566, il était échevin d'Arnay, dont sa famille est originaire, et en 1571 il était procureur-syndic; Gabriel laissa une fille, Marie, femme de Jean du Bourgdieu, greffier en chef du bailliage d'Arnay-le-Duc, et un fils, Jean, conseiller du roi, maître ordinaire en la Chambre des Comptes de Bourgogne en 1581, marié à Avoye Arviset en 1579 et père de Pierre, conseiller du roi, maître à la Chambre des Comptes de Dijon, époux d'Anne Rousseau; après lui on trouve : Bénigne, procureur au bailliage d'Autun; Adam, vicaire général de l'évêque de Langres, maître aux Comptes en 1623; Abel, écuyer, né le 11 janvier 1610 à Arnay, co-seigneur de Thorey en 1641, con-

---

(1) *Armorial* d'Hozier, Généralité de Bourgogne, apd., Bibliothèque impériale, cabinet des manuscrits.

seiller maître aux Comptes en 1636, marié à Marguerite, fille de noble François Blondeau, conseiller au Parlement, et père d'Etienne, mort sans postérité de Claire Guélaud; Jacques Soirot, écuyer, né à Arnay le 25 août 1603, trésorier provincial de l'extraordinaire des guerres en 1623, grand-maître enquêteur des eaux et forêts en 1638, vicomte-mayeur de Dijon en 1645, 1646 et 1654; François, écuyer, grand-maître enquêteur des eaux et forêts en 1648; François, écuyer, reçu aux Etats de Bourgogne de 1677, grand-maître enquêteur des eaux et forêts en 1682; Claude, écuyer, trésorier triennal des mortes-payes en 1618, receveur au grenier à sel de Châtillon-sur-Seine, marié à Renée de Gissey; Pierre, écuyer, lieutenant des eaux et forêts à Châtillon, mort en 1667, laissant de Marie, fille de noble Bernard Thoulouze, un fils, Joseph-Bernard, écuyer, contrôleur général des finances en Bourgogne en 1681, né à Châtillon en 1650, mort au même lieu le 27 avril 1730, correspondant de l'Académie des sciences de Paris, créateur à Châtillon de jardins délicieux, disparus aujourd'hui, ami de Bernard de La Monnoye, Jolyot de Crébillon, comte de Bussy-Rabutin, etc.; François, écuyer, père : 1° d'Elisabeth, femme de Charles de Gissey ; 2° d'Huguette, épouse d'Antoine Perruchon, écuyer, capitaine du château d'Aisey-le-Duc ; 3° de Marie, mariée à N... Remond ; 4° de Bernard, qui ne laissa d'Elisabeth Morel qu'une fille, Marie.

III

1602. Gabriel Lardillon ; il appartenait à une ancienne famille originaire de La Roche-Pot, dont les armes sont d'azur au lion d'or, accompagné de trois étoiles de même. La branche fixée à Arnay portait d'après La Virotte de gueules au lion d'or accompagné de trois étoiles d'argent posées en chef. En 1630, Jean Lardillon était lieutenant criminel à Arnay ; il exerça jusqu'en 1657 et fut maire de la ville en 1634 ; Renée Lardillon (1) épousa en 1559 Bénigne Florent, bourgeois d'Arnay, et en eut François Florent, jurisconsulte célèbre, mort à Orléans le 29 octobre 1650, marié en juillet 1638

(1) Renée Lardillon était fille de François Lardillon, bourgeois d'Arnay.

à Elisabeth, fille de Pierre Bordécuisse, avocat en Parlement. En 1684, Philibert Lardillon était receveur des finances (1), il se démit en 1688 en faveur de Blaise Lorenchet (2); il était seigneur de Coucy; en 1712, Claude Lardillon se démet de sa charge de chauffrier-scelleur héréditaire en la chancellerie près le Parlement de Bourgogne (3); en 1717, Jacques Lardillon était conseiller du roi, garde-marteau en la maîtrise de Chalon-sur-Saône (4); en 1788, Jean-Claude Lardillon était receveur du grenier à sel de Pouilly; en 1730, Françoise Picard de Montchenu était veuve de Charles Lardillon; son petit-fils, Denis-Prudent Lardillon, fut secrétaire du roi et conseiller-correcteur en la Chambre des Comptes de Dijon; il épousa Elisabeth Brette; une de ses filles fut mariée en 1783 à Louis-Charles, fils de messire Henry Maulbon d'Arbaumont et de Pierrette Boisot. On trouve encore Jean Lardillon, conseiller du roi, chirurgien en Bourgogne; Jean-Henry,

---

(1) V. Archives, *chambre des Comptes*, B. 54.
(2) V. Archives, *chambre des Comptes*, B. 83, f. 99.
(3) V. Archives, *chambre des Comptes*, B. 60, f. 308.
(4) V. Archives, *chambre des Comptes*, B. 63, f. 19.

marié à Marguerite-Françoise-Céline Dromard. Jean-Baptiste-Marguerite-Gérard Lardillon, né le 14 juin 1801, est décédé à Dijon le 20 février 1863 ; sa tante, Anne-Marie-Sophie Lardillon, épousa en 1801 Nicolas Guyot, de Velesme, et en eut Etienne-Pierre-Nicolas-Timoléon, né le 22 août 1803, marié le 20 septembre 1829 à Julie-Gabrielle Dromard, mort le 4 juillet 1863, conseiller à la Cour de Dijon et chevalier de la Légion-d'Honneur.

IV

1605. Léonard Guillaume ; il était issu d'une maison ancienne de la ville d'Arnay-le-Duc, et portait d'azur à la croix pattée alaisée d'or, embrassée dans deux palmes de même. Jean Guillaume, avocat à la Cour, vivait en 1520 ; il eut deux fils : 1° Claude, greffier en chef du bailliage en 1590, père A d'Abel, avocat en Parlement, qui eut un fils, Léonard, né à Arnay le 12 mars 1595, mort jeune ; B et de Sébastien, échevin d'Arnay en 1576 et en 1588, père de Jean, né le 14 avril 1593 à Arnay, bisaïeul de Sébastien, procureur en la Cour en 1688 ; le petit-fils de celui-ci, François, était échevin d'Arnay en 1778 ; sa descendance s'est éteinte à Arnay il y a quelques années (1) ; 2° Jean, né à Arnay en 1536, avocat au bailliage d'Arnay, bailli et prévôt de cette ville en 1586, député aux Etats généraux de Blois en 1588, mort à Dijon le 15 juillet 1626, marié à Jeanne-Claudine du Ban, d'où trois fils : Jean, né à Arnay en 1570, avocat au Parlement à 25 ans, le 16 novembre 1595, auteur de nombreux écrits, marié en 1596 à Michelle de Frasans, d'où Etienne, mort jeune, et une fille épouse en 1620 de Philippe Fyot d'Arbois ; — Léonard, maire de la ville d'Arnay en 1605 et 1620, avocat au bailliage et procureur-syndic de la ville en 1594, avocat général au Parlement de Bourgogne, père de Sébastien, Claude, Etienne et Léonard, morts jeunes ; — Pierre, écuyer, mort très âgé en 1676 à Dijon, vicomte-mayeur de cette ville en 1663 et 1665, substitut du procureur général, conseil des Etats, auteur de quelques opuscules, père de Gabriel, né à Dijon le 12 mai 1632, mort en 1717, avocat en Parle-

---

(1) Sur un livre acheté à la vente de la dernière du nom, à Arnay, livre qui fait partie de la bibliothèque de l'auteur, on voyait les armoiries de Guillaume.

ment, conseil de la province, substitut du procureur général, auteur de plusieurs ouvrages, et père d'Anne, dame de Quemigny et épouse d'Antoine Cortois-Humbert, écuyer; — Barthélemy Guillaume, écuyer, frère de Gabriel, fut secrétaire du roi en 1644, seigneur de Lautreville; il épousa Barbe Germinot et laissa un fils, Antoine, écuyer, seigneur de Sermizelles, marié le 4 novembre 1683 à noble Catherine Fouquet, mort lieutenant-général d'épée aux bailliage et chancellerie d'Avallon. On trouve ensuite : Anne-Claude, femme de François-Augustin Potot de Montbéliard; Barthélemy, écuyer, seigneur de Sermizelles, conseiller du roi, lieutenant-général d'épée aux bailliage et chancellerie d'Avallon, capitaine de grenadiers au régiment d'Artois, tué à la bataille d'Ettingen en 1743, marié le 8 janvier 1720 à Anne Mérat; Barthélemy, écuyer, seigneur de Sermizelles, né à Avallon en 1721, reçu aux Etats de Bourgogne de 1766, conseiller du roi, lieutenant-général d'épée aux bailliage et chancellerie d'Avallon, capitaine d'infanterie au régiment d'Artois, marié en 1755 à Victoire Trousseau; Jean-Baptiste Guillaume, écuyer, chevalier de Sermizelles, marié vers 1800 à

Elisabeth-Sophie Sallonger; Barthélemy-Marie-Ernest, chevalier de Sermizelles, né le 13 janvier 1810 à Montceau (Nièvre), marié le 24 février 1835 à Elisabeth, fille de Pierre, comte des Ulmes et de Françoise-Xavière-Jeanne-Eugénie de Montcrif; M. de Sermizelles, qui a plusieurs enfants, est maire de Poussignol-Blinies, près Chassy-en-Morvand (Nièvre).

V

1608. Jean Grillot : armes d'azur à trois grelots d'or; origine, Arnay-le-Duc. Claude Grillot, chef de cette famille, eut deux fils : 1° Léonard, échevin de la ville d'Arnay en 1591, père d'Emiland, procureur du roi au bailliage d'Arnay en 1626 (1); 2° Jean, conseiller, avocat du roi au bailliage d'Arnay, procureur du roi audit bailliage en 1599 (2), maire en 1608; Claude était en 1629 échevin d'Arnay. On trouve ensuite : Jean, procureur du roi au bail-

---

(1) Palliot, *Mémoires généalogiques*, Mms de la bibliothèque de Dijon, n. 481, l. 1., p. 377.
(2) Palliot, *Mémoires généalogiques*, l. 1, p. 375.

liage d'Arnay en 1606; Gabriel, maire d'Arnay en 1649; François, conseiller du roi, correcteur en la Chambre des Comptes en 1647; Claude-François, maître aux Comptes en 1674; Claude, conseiller du roi au bailliage de Dijon en 1635; Guillaume, seigneur de Predelys, conseiller du roi, maître aux Comptes en 1687; Claude-François, seigneur de Predelys, conseiller du roi, maître aux Comptes en 1721; François-Claude, écuyer, seigneur de Predelys, capitaine dans le régiment de Navarre; Louis, écuyer, seigneur de Poilly, ingénieur en chef de Castelnaudary; Claude, ingénieur en chef, chevalier de Saint-Louis, mort à Gœthinges en 1761; François-Claude, écuyer, seigneur de Predelys, ingénieur en chef des fortifications à Auxonne, mort le 14 janvier 1761, marié à Marie, fille de Pierre Loys, gentilhomme allemand établi à Furnes; Philippe-François-Pepin-Marie Grillot de Predelys, mort dans le grand-duché de Bade, ingénieur en chef de fortifications et comte de Predelys, vers 1830; François-Claude-Marie Grillot, comte de Predelys, chef actuel de la famille.

VI

1610. Philibert Voisenet : armes d'azur à un sauvage d'or appuyé sur une massue de même, au chef d'argent chargé de trois mesures de sable. Cette famille, originaire d'Arnay, a donné : Philippe, échevin d'Arnay en 1588, procureur-syndic en 1587 ; Antoine, échevin d'Arnay en 1637 ; Pierre, lieutenant criminel à Arnay, de 1588 à 1592 ; Jean, lieutenant criminel, de 1592 à 1614 ; Jean, conseiller du roi, lieutenant au bailliage d'Arnay en 1599 (1) ; Pierrette, mariée en 1623 à Jean Moingeon, seigneur de Corbeton, et mère d'Yvonette Moingeon de Corbeton, épouse en 1653 de messire Nicolas Bichot, conseiller du roi, receveur des impositions du bailliage d'Arnay-le-Duc ; Jeanne Voisenet, femme en 1658 de messire de Glux, écuyer, seigneur d'Angoste ; Claudine Gros, veuve en 1726 de Pierre Voisenet ; Andoche Voisenet, lieutenant particulier au bailliage de Saulieu en 1730,

---

(1) Il avait épousé Pierrette Grillot, fille de Claude, et sœur de Jean, maire d'Arnay, en 1608.

marié à Reine Voisenet et père de Reine, veuve en 1740 de Jean-Marie de Velle ; Jean-Baptiste Voisenet, bienfaiteur de l'hospice de Saulieu en 1774 ; Jean-Baptiste, conseiller du roi aux Etats de Bourgogne le 10 août 1748, résigne en 1754, précédemment maire de Semur, de 1741 à 1748, élu du tiers aux Etats de Bourgogne de 1745, neveu de François-Nicolas, maire de Semur, de 1722 à 1741.

VII

1612. Nicolas Bonamour : armes d'or au cœur de gueules ; timbre, couronne de vicomte. Famille ancienne à Arnay et à Mont-Saint-Vincent. En 1602, Nicolas Bonamour était échevin d'Arnay ; en 1620, Christophe Bonamour était grenetier au grenier à sel de Mont-Saint-Vincent ; Antoine, son fils, lui succède le 11 avril 1624. Citons encore Théophile, grenetier au grenier à sel de Mont-Saint-Vincent, remplacé en 1659 par messire Jean Bonamour, seigneur de Nusilly, et celui-ci, le 22 août 1697, par Alphonse Bonamour, son fils, d'abord procureur du roi en la maîtrise des eaux et forêts de Chalon-sur-Saône ; Claude-Gilbert Bonamour, conseiller du roi, juge-garde de la prévôté royale de Buxy en 1757 ; Claude, échevin d'Arnay en 1629, père de Marguerite, femme en 1654 de noble Hugues de Salins, fils de noble Hugues de Salins, conseiller du roi, médecin à Beaune ; Nicolas, échevin en 1634, receveur héréditaire ancien des gabelles au grenier à sel d'Arnay en 1623 ; Nicolas, échevin en 1662 ; Jean-Baptiste, échevin en 1717 ; François, substitut des avocat et procureur du roi aux bailliage et chancellerie d'Arnay en 1705 ; Jean, échevin en 1746 ; François, échevin en 1775 ; Louis, vicomte Bonamour ; Claude, conseiller, médecin du roi à Arnay, échevin en 1744, père de Pierre-Louis, écuyer, officier d'infanterie, marié à Marie, fille de noble Marcellin Bonnard, écuyer, seigneur de Chassenay, et de Marie Moingeon, proche parente de l'auteur de ce travail, ainsi qu'on le verra plus loin (n° XXVII), d'où Claude-Marc Bonamour, né à Arnay le 1er juillet 1777, adjoint au maire de 1817 à 1821, maire d'Arnay de 1830, à sa mort, marié à Jeanne, fille de Bernard Bichot de Corbeton, et d'Anne du Vergey. Sa fille unique, Marie-Marceline, épousa Claude-Frédéric-Henry, fils de Guillaume-Claude de La Troche, écuyer, et de Philiberte-Catherine de Bays, d'une ancienne famille noble qui porte d'azur à un vol d'or accompagné en chef d'une étoile d'argent, et soutenue en pointe d'un croissant de même. François Bonamour, a épousé Mlle Bouveret, d'où plusieurs enfants actuellement vivants.

VIII

1615. Pierre Soirot : armes d'azur à trois épis d'or, deux et un, au soleil de même en chef. (V. le n° II.)

IX

1617. Nicolas Bonamour : armes d'or à un cœur de gueules. (V. le n° VII.)

X

1628. Léonard Guillaume : armes d'azur à la croix pattée alaisée d'or, embrassée de deux palmes de même. (V. le n° IV.)

XI

1623. Abraham La Curne : armes de gueules au chevron d'or accompagné de trois molettes d'éperon de même. Ancienne famille arnetoise. Simon La Curne, qualifié d'honorable homme dans un titre de 1568, était échevin d'Arnay en 1566 et 1570 ; en 1575, Jeanne, fille de Simon, épousa Jean du Ban, bourgeois d'Arnay ; Jean La Curne, né à Arnay en 1570, mort le 23 avril 1632, était en 1614 lieutenant criminel au bailliage d'Arnay ; il fonda le collége de cette ville et décéda sans enfants d'Huguette d'Esvoyo ; on l'inhuma dans la chapelle du Rosaire. Abraham La Curne était en 1625 receveur des impositions du bailliage d'Arnay ; il laissa deux fils : 1° Jean-Baptiste, écuyer, seigneur de Thiellay, de Saint-Aubin et de Gamay en 1665, lieutenant-colonel d'infanterie, père d'Henry-Louis, mort en octobre 1716, seigneur de Thiellay, et marié à Marguerite de Fanet, d'où Jean-Baptiste, écuyer, seigneur de Cousance en 1719, et Antoine, écuyer, seigneur de Fleriat ; 2° Simon, père d'Edme, écuyer, avocat en Parlement, résidant à Beaune, puis gentilhomme du duc d'Orléans et receveur du grenier à sel d'Auxerre; Edme La Curne cultiva les lettres avec succès; il avait épousé Jeanne Brunet, de la grande famille des Brunet de Beaune; il en eut deux fils : l'un d'eux, Jean-Baptiste La Curne, écuyer, seigneur de Sainte-Palaye, né à Auxerre le 6 juin 1697, est mort le 1er mars 1781, membre de l'Acacadémie française, de l'Académie des Sciences, Arts et Belles-Lettres de Dijon, etc.; il a laissé de nombreux travaux d'une vaste érudition et d'une grande valeur.

XII

1626. Jean-Baptiste Larcher : armes d'azur à trois faces ondées d'or surmontées d'un arc-en-ciel de même. Famille originaire de Beaune, qui s'est divisée en trois branches : 1° celle d'Arnay, qui a donné en 1620 un lieutenant criminel au bailliage de cette ville, et deux maires, en 1626 et 1662; 2° celle de Beaune, dans laquelle on trouve : Jean, maire de Beaune en 1667; Nicolas, abbé de Citeaux en 1692, « Probitate clarus, dit son épitaphe, eruditione

singulari doctor Sorbonicus, » mort en 1712 ;
Claude-Adrien-Etienne, avocat en Parlement,
né en 1751 ; Philibert-Bernard Larcher, marié
à Marie-Louise-Adélaïde-Désirée Baley; Etienne-
Marie-Désirée-Aldonce Larcher, avocat, substitut du procureur impérial à Wassy, puis à
Chaumont, marié le 1er août 1866 à Laure,
fille de Victor-Jean-Baptiste-Bernard Ardent,
capitaine en retraite, chevalier de la Légion-
d'Honneur, et de Sophie-Louise Devèze, morte
le 4 août 1867, laissant une fille ; Ernest Larcher, lieutenant d'infanterie ; 3° celle de Dijon,
où l'on voit : Henry Larcher, conseiller du roi,
trésorier de France au bureau des finances de
Bourgogne et Bresse, marié à Pétronille Gau-
thier, et père de Pierre-Henry Larcher, de
l'Institut, savant et habile helléniste, né à Dijon le 12 octobre 1726, mort à Paris le 22 décembre 1812, en laissant postérité.

XIII

1629. Claude d'Arlay : armes d'argent à la
fasce de sable. Origine, Arlay en Franche-Comté. Claude d'Arlay, écuyer, maire d'Arnay en

1629 et 1639, était fils de messire Edouard d'Arlay, écuyer, conseiller du roi, maître ordinaire en la Chambre des Comptes de Bourgogne, et de Madeleine du Ban. En 1266, Guillaume était seigneur d'Arlay; en 1363, Guillaume paraît dans un acte; Jean, en 1391, figure dans un acte de tutelle, et en 1414 dans une montre d'armes; en 1469, Humbert d'Arlay, écuyer, résidait en Franche-Comté, à Viserny; en 1503, Pierre était seigneur de Chanous; en 1560, Barthélemy figure dans un acte; il était licencié ès lois et chanoine d'Autun; en 1531, Hugues d'Arlay, écuyer, avocat du roi au bailliage d'Autun, époux d'Anne, fille de Barthélemy de Chasseneux et de Pétronille Languet; Barthélemy, en 1610, était lieutenant civil et criminel aux bailliages de Montcenis et d'Autun, et en 1620, vierg de la cité éduenne; Charles, écuyer, gendarme des ordonnances du roi en 1624, marié à Jeanne Ravier et père de Claude, seigneur de La Boulaye en 1638, et de Jacques, époux de Marguerite d'Essus; Nicolas, lieutenant-général au bailliage d'Autun en 1643; François, écuyer, conseiller du roi, maître en la Chambre des Comptes de Dijon, de 1661 à 1674; Jean, vierg d'Autun en 1644; Pierre, religieux de Saint-Bénigne de Dijon, mort en 1676; Charles, chanoine d'Autun, grand-archidiacre de cette ville, conseiller au Parlement de Bourgogne, de 1672 à 1691; Barthélemy, écuyer, seigneur de La Boulaye en 1673, reçu aux Etats de Bourgogne de 1682, lieutenant-général au bailliage d'Autun, marié à Marie Cartier de La Boutière, et père de Gabrielle, femme en 1714 de Charles Gabriel, comte de Bar, et d'Anne-Marie, épouse d'Etienne de Jaucourt, comte de Chazelle; Charles d'Arlay, écuyer, conseiller au Parlement de Bourgogne en 1687, premier président de la Chambre des Comptes, Aides et Finances de Dole, mort à Dijon le 16 juin 1726, laissant de Marie Fleury un fils, Louis-Marie-Nicolas d'Arlay, né le 13 août 1713, mort le 14 janvier 1789, sans alliance, conseiller au Parlement de Bourgogne en 1736.

XIV

1632. Jacques du Ban : armes d'azur à une fasce d'argent, acccompagnée en chef d'un aigle d'or et en pointe d'un croissant de même; *alias* d'azur à une fasce d'argent, accompagnée en chef d'un duc s'essorant d'or et en pointe d'un croissant de même. Ancienne famille arnetoise : Jacob du Ban était bourgeois d'Arnay en 1442; Pierre du Ban, en 1520, était échevin d'Arnay; Jean du Ban l'était en 1576; il avait épousé en 1575 Jeanne, fille de Simon La Curne, échevin d'Arnay en 1566; il en eut une fille, Madeleine, mariée en 1600 à messire Edouard d'Arlay, écuyer, conseiller du roi, maître aux Comptes à Dijon, et mère de Claude d'Arlay, écuyer, maire d'Arnay en 1629; en 1588, Jeanne-Claudine du Ban était femme de messire Jean Guillaume, bailli et prévôt d'Arnay-le-Duc, député aux Etats de Blois, etc.; en 1603, Claudine était mariée à Sébastien Guillaume, échevin d'Arnay; en 1585, Bénigne du Ban était échevin d'Arnay; en 1613, Jacques du Ban était échevin, en 1632 et 1646 il était maire d'Arnay-le-Duc. Dès lors, cette famille disparaît d'Arnay et perd toute relation avec cette ville. Les du Ban ont été aussi prévôts de la seigneurie de Charny, qui pendant longtemps a appartenu à la même famille que la terre d'Arnay. Un petit-fils de Jacques du Ban, Hilaire-Josyph du Ban, né le 22 décembre 1656, à Gray, où son père s'était établi en quittant

Arnay, fut professeur à l'Université de Dole en 1683, puis conseiller au Parlement de Besançon ; il mourut le 14 août 1724. « Ce fut, a dit l'un de ses contemporains, l'un des hommes les plus instruits, le plus sage, le meilleur ami et parent de son siècle. » Son fils, Jean-François du Ban, fut aussi conseiller au Parlement de Franche-Comté, et son petit-fils, Sébastien du Ban, mourut capitaine maître-de-camp de cavalerie (1).

XV

1634. Jean-Baptiste Lardillon : de gueules au lion d'or accompagné de trois étoiles d'argent posées en chef. (V. le n° III.)

XVI

1636. Jean-Baptiste La Curne : de gueules au chevron d'or accompagné de trois molettes de même. (V. le n° XI.)

(1) V. la Faculté de droit et l'Ecole centrale à Besançon, par A. Estignard, substitut du procureur général à Besançon, Paris, Dumoulin, 1867, 1 vol. in-8°, pages 71 et 72. — Suivant M. Estignard, la famille du Ban a donné plusieurs chevaliers de Malte.

XVII

1637. Jean-Baptiste Boulley : armes d'azur à deux chevrons d'or accompagnés de trois étoiles de même posées deux en chef et une en pointe. Famille originaire d'Autun qui n'a fait que passer à Arnay et qui a fourni plusieurs membres à l'Eglise. Nous citerons entre autres : Pierre, chanoine de la collégiale d'Autun, qui portait d'azur à un chevron d'or étoilé d'argent, et en pointe une grappe de raisin de même, tigée et feuillée de sinople, et Jean, curé de Gurgy, qui portait d'azur à un chevron d'argent accompagné en chef de deux étoiles d'or, et en pointe d'un cœur aussi d'or enflammé de gueules.

XVIII

1639. Claude d'Arlay : armes d'azur à la fasce de sable. (V. le n° XIII.)

XIX

1641. François Languet : armes d'azur à un triangle d'or cliché et renversé, chargé de trois molettes d'éperon de gueules posées à chaque extrémité du triangle. Famille originaire de Sombernon. Lambert Languet, de Sombernon, fut affranchi le 8 mars 1373 par Jean de Montagu, de Sombernon, à cause de ses services et pour mille deniers d'or. Il avait épousé Trépasse Bellot, dont il eut Jean, qui fonda à la Bussière son anniversaire en 1385, et épousa Marie Enot. On trouve ensuite : Jacotte, femme de Jean Couthier de Souhey, conseiller du duc, morte en 1411 ; Jean, évêque de Bayeux en 1412, (1); Philippe qualifié noble homme dans un acte de 1439, marié à Catherine Monnot, de Vitteaux ; Guillaume, vivant en 1475, époux de Pierrette Monnot; Augustin, capitaine du château de Vitteaux; Catherine, femme de Guillaume Brigandet ; Pétronille, épouse de Barthélemy de Chasseneux ; Germain, commandant du château de Vitteaux, marié à Jeanne d'Esvoyo; Hubert, né à Vitteaux en 1518, mort à Anvers en 1581, célèbre par sa vie et ses écrits ; Guy, archidiacre d'Autun, 1573 ; Anne, femme de Claude Piget, bailli de

---

(1) V. Peincedé, *Recueil de Bourgogne*, aux archives de la Côte-d'Or, l. 1, p. 752.

Vitteaux; Pierrette, épouse d'Antoine Espiard, docteur ès lois. Claude, seigneur des Combes du Cholet et premier camérier de Catherine de Médicis, laissa de Marceline Pivert deux fils qui divisèrent alors la famille en deux branches :

1° Jean, l'aîné des fils de Claude Languet, fut procureur du roi, avocat au bailliage de Chalon, seigneur de Saint-Cosme en 1569, et mari de Jeanne de Pontoux. Parmi ses descendants on remarque : Augustin, chanoine de Saint-Lazare d'Autun; Françoise, épouse en 1575 de Robert de Pontoux; Claude, écuyer, seigneur de Saint-Cosme, maire de Chalon, né en cette ville où il mourut en 1620, écrivain distingué, marié à Judith le Comte; Augustin, seigneur de Gergy, aumônier du roi en 1661, et chanoine de Chalon; Guillaume, écuyer, seigneur de Saint-Cosme, époux en 1622 d'Elisabeth Bretagne; Augustin, aumônier du roi; Denis, écuyer, châtelain de Rochefort, baron de Saffres, de Gergy et d'Allerey, conseiller au Parlement de Normandie, puis procureur général à celui de Bourgogne, marié en 1661 à Marie Robelin de Saffres; Pierrre-Bénigne, écuyer, baron de Montigny, lieutenant-général des armées de Bavière, gentilhomme de la Clef d'Or, mort en 1743 ; Jean-Baptiste-Joseph, curé de Saint-Sulpice, mort en 1750 ; Lazare, religieux de l'ordre de Cîteaux, abbé de Morimont, mort en 1736 ; Jean-Joseph, archevêque de Sens, membre de l'Académie française, décédé en 1753 ; Odette Thérèse, mariée à Claude Rigoley de Puligny ; Guillaume, seigneur de Rochefort, baron de Saffres, conseiller au Parlement de Dijon, marié en 1692 à Odette-Marie Quarré ; Pierre-Philibert, conseiller au Parlement, mort en 1716 ; Philiberte, femme de Charles-François de Levis de Château-Morand ; Jacques-Vincent, baron de Saffres, président au Parlement, mort à Dijon en 1768, sans postérité d'Odette Rigoley de Chevigny ; Jacques-Vincent, comte de Gergy, ambassadeur à Venise, mort en 1734, ne laissant qu'une fille, Antoinette-Barbonne-Thérèse, épouse en 1737 de Louis de Cardevac d'Havrincourt.

2° Claude Languet, deuxième fils de Claude et de Marcelline Pivert, est auteur d'une branche qui subsiste encore et dans laquelle on trouve : Philibert, receveur du grenier à sel de Pouilly-en-Auxois, 1597 ; Claude, contrôleur au grenier à sel de Pouilly, 1618 ; Jacques, receveur particulier héréditaire alternatif des gabelles, au grenier à sel de Pouilly, en 1622, conseiller-correcteur en la Chambre des Comptes en 1624 ; Augustin, conseiller-correcteur en la Chambre des Comptes en 1677; Charles, procureur au grenier à sel de Pouilly en 1619; Claude, procureur du roi aux greniers à sel de Pouilly et Vitteaux, 1653 ; Claude, conseiller du roi, contrôleur des cuirs à Vitteaux, 1627 ; Philibert, conseiller-secrétaire du roi, 1640 ; Jacques, trésorier de France au bureau des finances de Dijon en 1669, conseiller du roi, secrétaire et notaire du Parlement de Bourgogne en 1672; Georges, député en 1590 aux Etats de Melun; Pierre, curé de Saint-Jean-de-Losne en 1604; Jean-Baptiste, échevin d'Arnay-le-Duc en 1650, maire de cette ville en 1663 et 1675; Claude, échevin d'Arnay en 1695; François, lieutenant civil et criminel aux bailliage et chancellerie d'Arnay de 1638 à 1674, maire d'Arnay en 1641 et 1667; Philippe, écuyer, lieutenant civil au bailliage d'Arnay, de 1674 à 1712, subdélégué de l'intendance en 1687, maire en 1679, marié à Jeanne, fille unique de Philippe Thibert, écuyer, seigneur de Sivry, d'où Jeanne, épouse de Bénigne Bonnard, conseiller du roi, avocat au bailliage de Dijon, et

Charles, écuyer, seigneur de Sivry, lieutenant criminel en 1697, lieutenant civil en 1712 à Arnay, receveur des finances à Arnay en 1712, maire de cette ville de 1713 à 1747, écrivain estimé; Charles, écuyer, seigneur de Sivry, épousa Laurence Le Breton; il était en 1744 receveur des finances à Arnay; Charles Languet de Sivry, laissa : 1° Hubert Charles-Philippe dont nous allons parler; 2° Madeleine-Charlotte, femme de Claude-Charles Espiard de Clamerey ; 3° Charlotte-Marie-Madeleine-Félicitée, épouse de Claude-Marie Quarré de Château-Régnault, comte d'Aligny de Juilly; 4° Anne, mariée à Louis-Fortuné Quarré d'Aligny; 5° Jeanne-Antoinette, épouse de Louis-Joseph-François-Xavier d'Huvé, officier supérieur ; Hubert-Charles-Philippe Languet, écuyer, seigneur de Sivry, receveur des finances en 1784, né à Arnay le 6 juin 1750, mort au château de Sivry le 20 avril 1835, veuf de Marie-Louise, fille de Jacques-Joseph-Balay, écuyer, conseiller au Parlement de Bourgogne, et de Bernarde de La Rue, et père de 1° Hubert-Jacques-Joseph de Sivry, né à Arnay le 17 octobre 1777, maire de la commune de Saint-Prix sous le premier empire, marié le 30 septembre 1799 à Jeanne-Henriette Laureau de Lavault : point d'enfants de ce mariage ; 2° Jeanne-Marie de Sivry, née le 4 août 1779, mariée le 15 août 1803 à Jacques Parigot de Santenay, morte le 17 juin 1833, ne laissant qu'une fille, Henriette Laurence, épouse de Déodat-Albert, comte de Dréo ; 3° Madeleine-Charlotte-Joséphine de Sivry, née à Arnay le 13 septembre 1781, morte sans alliance le 18 septembre 1811 ; 4° Gabrielle de Sivry, née le 4 août 1782, mariée par contrat du 28 septembre 1813 à Marie-Claude du Breuil de Sainte-Croix, décédée le 29 septembre 1839, ne laissant qu'une fille, Laure-Caroline-Adélaïde Eléonore, femme de Jean-Baptiste-Marie-Léon d'Orlies, marquis de Saint-Innocent ; 5° Charles-Brice-Hubert de Sivry, né le 3 octobre 1791, marié : 1° par contrat du 17 avril 1820 à Marie-Eliza de Rivericulx de Chambest, décédée à Beaune sans postérité ; 2° à Marguerite-Jeanne-Antoinette de Meulan, d'où trois filles : Mesdames de Champs, Chevreul et Melin ; la seconde (Marie-Charlotte-Joséphine de Sivry) est née à Epinal le 22 janvier 1826, et a épousé, le 22 juillet 1846, Henry, fils de Michel-Eugène Chevreul, de l'Institut, et de Sophie Davalet.

XX

1643. Claude Bonnard : armes d'azur à un arc bandé décochant une flèche, le tout d'or; *alias* d'argent à une flèche de gueules posée sur un arc tendu de même et en chef un aigle de sable volant à senestre. Famille originaire d'Arnay-le-Duc. En 1584, Jacques était notaire à Arnay; en 1614, Jacques était échevin de la ville, procureur-syndic en 1620, notaire de 1618 à 1663; en 1627, Claude Bonnard était conseiller du roi, greffier en chef du bailliage d'Arnay, en 1632 grenetier ancien et triennal au grenier à sel d'Arnay-le-Duc, et en 1633 receveur particulier triennal au bailliage d'Arnay; en 1697, Jean Bonnard était échevin d'Arnay. On trouve ensuite : Toussaint Bonnard, substitut du procureur général près la Chambre des Comptes en 1680; Jean, conseiller, secrétaire du roi en 1707, seigneur de Barive; Bénigne, avocat en Parlement, époux de Jeanne Languet de Sivry, échevin en 1700; Jean, écuyer, né le 2 octobre 1707, conseiller au Parlement de Dijon en 1736, mort en 1765, marié à Anne Millière; Bernard, lieutenant criminel au bailliage d'Arnay, de 1657 à 1697 ; Pierre, lieutenant criminel de 1714 à 1728 ; Jacques, échevin d'Arnay, 1767 ; Jacques-Pierre, conseiller du roi, procureur aux bailliage et chancellerie d'Arnay, marié à Pierrette Rémond de la Barre, père de : 1° Charles-Louis chevalier Bonnard, ingénieur de la marine, écrivain distingué, né à Arnay le 19 mai 1769, mort au même lieu le 23 janvier 1828 ; 2° César-Pierre-Thibault Bonnard, propriétaire à Arnay ; 3° Anne-Elisabeth, décédée le 4 février 1858 à 91 ans ; 4° Jacques-Antoine, directeur des domaines, p`re d'Astelie-Félicienne-Pauline, épouse de Léon-Félicien-Joseph Audé, conseiller de préfecture et secrétaire général de la Vendée ; Bernard, écuyer, né à Semur le 22 octobre 1744, mestre de camp d'infanterie, chevalier de Saint-Louis, sous-gouverneur des enfants du duc de Chartres, membre de l'Académie de Dijon, poëte de talent, mort à Semur le 13 septembre 1784, laissant un fils, Auguste-Henry, né à Paris le 8 octobre 1781, mort le 5 janvier 1857, membre de l'Institut, de la Société géologique, etc., commandeur de la Légion-d'Honneur ; Marcelin Bonnard du Coudray, écuyer, épousa Marie Moingeon, et en eut : 1°

Laurent qui suit ; 2° Joseph, curé de Saint-Aubin ; 3° Etiennette, épouse de Louis Moingeon, lieutenant criminel au bailliage d'Arnay ; 4° Marie, femme de Pierre-Louis Bonnamour, écuyer, officier d'infanterie ; 5° Jeanne, mariée à André de Roye, de la famille maternelle de l'auteur de ce travail ; Laurent Bonnard du Coudray, écuyer, seigneur de Chassenay, garde du corps du roi, marié à Elisabeth Chapuis, d'où : 1° Claude Bonnard du Coudray de Chassenay, décédé sans postérité ; Joseph-Etienne Bonnard du Coudray, né le 3 août 1781, mort sans alliance, laissant pour héritière la fille de sa sœur, madame de Thesut.

XXI

1646. Jacques du Ban : Armes d'azur à une fasce d'argent accompagnée en chef d'un aigle d'or et en pointe d'un croissant de même ; *alias* d'azur à une fasce d'argent accompagnée en chef d'un duc s'essorant d'or et en pointe d'un croissant de même. (V. le n° XIV.)

XXII

1649. Gabriel Grillot : d'azur à trois grelots d'or. (V. le n° V.)

XXIII

1650. Etienne Testot : armes d'argent à une tête de more de sable tortillée d'or et accompagnée en chef de deux étoiles de gueules. Etienne Testot était conseiller du roi, grenetier au grenier à sel d'Arnay-le-Duc ; il appartenait à une ancienne famille arnetoise. En 1623, Nicolas Testot épousa Anne, fille de Louis des Places et de Pierrette Garnier, petite-fille, par sa mère, de Pierre Garnier, échevin de la ville d'Autun, et de Philippotte de Chasseneux de Prelay, fille du grand magistrat de ce nom. Parmi les membres de cette famille, citons : Etienne Testot et son fils, notaires à Arnay, de 1662 à 1744; Nicolas, échevin d'Arnay en 1641 ; Etienne, contrôleur des actes en 1699, maire d'Arnay en 1689; François, conseiller du roi, greffier en chef du bailliage d'Arnay en 1685; Jean-Baptiste, échevin en 1683;

Gabriel Testot de Maligny, capitaine de cavalerie et chevalier de Saint-Louis, fils de Claude Testot, seigneur de Maligny et de Gabrielle Moingeon de Neuilly, fut l'aïeul d'Anne Pierrette Testot de Maligny, épouse de Guy Loydreau, lieutenant criminel au bailliage d'Arnay-le-Duc, et père : 1° de Bernard Loydreau, de Maligny, garde du corps, marié à Claudine Raudot, d'où Anne Loydreau de Maligny, femme de noble Louis-Marie Guyton et aïeule d'Antoine Harold de Fontenay, membre de la Société éduenne, l'un des hommes les plus aimables et les plus instruits que nous connaissions ; 2° de Guy Loydreau de Neuilly, lieutenant de louveterie, marié à Marguerite Antoinette Compain, père de Jean-Marie Loydreau de Neuilly, chevalier de la Légion-d'Honneur, capitaine d'infanterie, etc., époux de Marguerite-Antoinette, fille de Jean-Marie Pinot, chevalier de la Légion-d'Honneur, membre du conseil général, maire d'Arnay-le-Duc, et de Claudine-Antoinette Lantissier de la Cour (1), d'où Edouard Loydreau de Neuilly, docteur en médecine, maire de Chagny,

(1) Comme on le verra plus loin (n. LV), Mme Pinot était proche parente de Marie Batault, épouse de Philippe-François de Roye.

membre de la Société d'histoire et d'archéologie de Chalon-sur-Saône.

Nous mentionnerons encore messire Jean-Claude Testot de Ferry, chevalier de Saint-Louis, capitaine de grenadiers royaux ; Etienne Testot, neveu de ce dernier, avocat en Parlement, marié à Anne Roux, fille d'un lieutenant particulier en la maîtrise des eaux et forêts d'Autun. Etienne fut père de Claude Testot de Ferry, baron de l'Empire, commandeur de la Légion-d'Honneur, chevalier de Saint-Louis et général de brigade, né à Arnay-le-Duc le 20 mai 1773, mort à Châtillon-sur-Seine le 25 août 1856. Le baron Testot de Ferry, qui avait épousé : 1° Eugénie Marchand du Noue, 2° Mademoiselle Fabry, portait : d'azur à la fasce d'or accompagné en chef d'une tête casquée, accostée de deux étoiles, et en pointe d'un lion passant, tenant une épée dans sa dextre, le tout d'or. Il a laissé trois enfants : 1° Gustave baron Testot de Ferry, juge au tribunal de Macon, marié à Mademoiselle Girard de Saint-Gérand; 2° Blanche, femme d'Emile Perrin de Montheron ; 3° Henry, géologue éminent qui habite Bussière dans le Mâconnais.

XXIV

1652. Claude Virey fils; armes d'azur à deux traits d'or en sautoir la pointe en haut. Famille originaire de Sassenay, près Chalon, et divisée en deux branches :

1° A la première appartenait Claude-Enoch Virey, né en 1566, mort à Chalon le 25 juillet 1636, conseiller-secrétaire du roi maison couronne de France et des finances, cinq fois maire de Chalon, auteur de quelques écrits; son fils et son petit-fils furent maîtres des Comptes à Dijon. Cette branche portait de gueules à deux traits d'or en sautoir la pointe en haut, écartelé d'or, semé de fleurs de lys, d'œillets et de roses de gueules.

2° A la seconde branche se rattachent Jean Virey, conseiller du roi, notaire à Arnay de 1584 à 1602, échevin de cette ville en 1594; Charles, conseiller du roi, notaire à Arnay de 1618 à 1662; Claude, procureur-syndic en 1617, maire en 1658; Claude, fils de ce dernier, conseiller du roi, procureur au grenier à sel d'Arnay-le-Duc en 1646, maire en 1652, etc.

XXV

1655. Philibert Raudot : armes d'azur à un chevron d'argent chargé de trois trèfles de sable et accompagné en chef de deux étoiles d'argent et en pointe d'un croissant de même. Famille originaire d'Arnay-le-Duc et divisée en trois branches :

1° La branche d'Arnay, alliée aux Moingeon, Voisenet, Thibaut d'Athy, Bonnard, Bonnamour, Ponnelle, Factet, Bruzard, a produit Philippe, échevin d'Arnay en 1639 ; Philibert, avocat en Parlement, maire d'Arnay en 1655 ; Guy, échevin d'Arnay en 1658 ; Jacques, échevin d'Arnay en 1646, 1660, 1667 ; Louis, conseiller et avocat du roi au bailliage en 1684, échevin en 1687 et 1719, maire en 1691 ; Philibert, subdélégué de l'intendance de Bourgogne au bailliage d'Arnay en 1731, avocat à la Cour, fils de Philibert-Louis Raudot, avocat du roi au baillage d'Arnay, et époux d'Etiennette Pidey et père de Jean-François, né à Arnay le 2 août 1746, avocat en Parlement, juge de paix du canton et maire de la ville d'Arnay en 1816, marié à Marie-Anne-Claude Thibault d'Athy, tante de François-Jean-Baptiste-Marie Thibault d'Athy, chevalier de Saint-Louis, de la Légion-d'Honneur, de Saint-Jean de Jérusalem, et lieutenant-colonel, époux d'Elisabeth Moingeon ; Simon-Marie Raudot, seigneur de Chevannes, épousa Anne Bouillotte, d'une ancienne famille arnetoise, qui portait de sinople à trois trèfles d'argent posés 2 et 1 ; il fut avocat à la Cour et subdélégué de l'intendance en 1744 ; citons encore Guy-Alexis, seigneur de Chevannes, avocat à la Cour et subdélégué de l'intendance en 1784 ; Jean, échevin d'Arnay en 1737 ; Jean-Baptiste, échevin en 1760 ; Etienne, avocat à la Cour, mort en 1775, marié à Anne-Claude Ponnelle, petite-fille de Pierre Ponnelle, conseiller du roi, commissaire aux saisies réelles et procureur aux bailliage et chancellerie d'Arnay-le-Duc, dont les armes étaient de gueules à une fasce d'or accompagnée en chef de trois cœurs d'argent et en pointe d'un rocher de même ; Andoche-Paul Raudot, adjoint au maire en 1821, marié à Mademoiselle Bruzard.

2° La seconde branche, dite du Coudray, est issue de Philippe, échevin d'Arnay en 1639. Elle portait de gueules à un chevron d'argent chargé de trois trèfles de sinople, accompagné en chef de deux étoiles d'argent et en pointe d'un croissant aussi d'argent. Jean Raudot, fils de Philippe, et frère de Philibert, maire d'Arnay en 1655, fut seigneur de Bazarne et du Coudray, lieutenant en l'élection d'Auxerre, commis à l'extraordinaire des guerres, fermier général, et enfin conseiller, secrétaire du roi, maison couronne de France et des finances; Jean Raudot de Bazarne, né à Arnay en 1625, marié en 1646 à noble demoiselle Marguerite Talon, mourut en 1660. Il laissait : 1° Jacques, dont nous allons parler; 2° Marie, dame de Bazarne, née en 1650, mariée à messire Regnaud, conseiller au Parlement de Paris; 3° Louise, née en 1651; 4° Marguerite-Françoise, née en 1654; 5° Jean-Baptiste-François, né en 1657, lieutenant-colonel de carabiniers, mestre de camp et chevalier de Saint-Louis, mort sans alliance; 6° Louis-François, né en 1658, mort à 24 ans, enseigne au régiment des gardes françaises. Jacques Raudot, écuyer, seigneur du Coudray, naquit en 1647, et fut successivement conseiller au Parlement de Metz en 1674, puis à la Cour des Aides de Paris en 1678, *intendant du Canada,* où il se fit remarquer par sa sage et habile administration, directeur au ministère de la marine, et enfin conseiller de marine. Il mourut en 1728, laissant : 1° Marguerite-Françoise, femme en 1705 de Claude-Marie de Girard, marquis d'Espeuilles ; et 2° Antoine Raudot, écuyer, seigneur du Coudray, inspecteur général de la marine au département de Dunkerque, adjoint à son père dans l'intendance du Canada, intendant de marine, directeur de la Compagnie des Indes et conseiller de marine, mort en 1737 sans laisser de fils (1).

3° La branche d'Orbigny fut formée vers 1580 par Nicolas Raudot, dont le fils, Louis, fit son testament le 17 février 1620. Louis demande dans cette pièce « que son corps soit inhumé en l'église Saint-Pierre d'Avallon en la place où est celuy de défunt Nicolas Raudot, son père, afin que leurs os reposent ensemble en attendant la résurrection générale. » Louis Raudot eut deux fils qui ont laissé une très nombreuse postérité. Citons Lazarre, Jacques, Lazarre, Joseph et Lazarre Raudot, tous doc-

---

(1) V. sur cette branche. *Deux intendants du Canada sous Louis XIV*, upd. *Oisivetés*. Avallon, 1862.

teurs en médecine. Jean Raudot acheta en 1734, de François-Augustin Potot de Montbeillard et d'Anne-Claude Guillaume, le fief d'Orbigny dont il prit le nom et qui est toujours resté dans la famille. Jean Raudot d'Orbigny eut deux fils, Pierre, l'un d'eux, né à Avallon en 1712, mort à Dijon en 1784, docteur en médecine, membre de l'Académie de Dijon ; il ne laissa pas d'enfants d'Anne Amiot; l'autre fils, Jean, aussi docteur en médecine, fut, en 1781, conseiller-secrétaire du roi. Il avait épousé, en 1772, Marie-Jeanne, fille de Michel-Auguste de Denesvres, seigneur de Domecy-sur-le-Vault, d'où un fils, Jean-Edme-Michel-Auguste Raudot d'Orbigny, écuyer, né le 30 novembre 1775, mort en 1832, maire d'Avallon, député de l'Yonne, marié à Jeanne-Pierrette, fille de Jacques-François Adelon de Chaudenay, officier du génie, et de Marie-Zacharie-Reine Ballivet de Reglois. De ce mariage vinrent : 1° Jacques-François-Henry Raudot d'Orbigny, mort en 1862, laissant de Léonie Darreau, petite fille d'Etienne Darreau, écuyer, seigneur de Blancey, conseiller-maître en la Chambre des Comptes de Dôle, une fille et un fils, Georges, le propriétaire actuel du château d'Orbigny ; 2° Claude-Marie Raudot d'Orbigny de Reglois, plus connu sous le nom simple de Raudot qu'il porte avec honneur, né à Saulieu le 24 décembre 1801, représentant de l'Yonne en 1848 et 1849, membre de plusieurs sociétés savantes, publiciste de talent et écrivain de mérite qui, à une érudition profonde, unit une extrême courtoisie ; c'est grâce à lui que nous avons pu fournir des détails aussi précis sur les branches du Coudray et d'Orbigny : qu'il reçoive ici l'expression de nos sincères remerciments. 3° François-Alphonse Raudot d'Orbigny, ancien officier, propriétaire à Champieu, époux de Clémence Potin de Lamaire, arrière petite-nièce d'Henry Potin, évêque, *in partibus*, de Philadelphie, d'où une fille et un fils, René.

La branche d'Orbigny porte d'azur à un chevron d'argent chargé de trois trèfles de sinople et accompagné en chef de deux étoiles d'argent, et en pointe d'un croissant aussi d'argent.

XXVI

1658. Claude Virey l'ancien : armes d'azur à deux traits d'or en sautoir la pointe en haut. (V. le n° XXIV.)

XXVII

1660. Jean-Baptiste Moingeon : armes d'azur à deux pals d'argent. Origine : Vic-des-Prés, près Bligny-sur-Ouche. En 1641, Jean Moingeon, seigneur de Corbeton, était échevin d'Arnay; il avait épousé Pierrette Voisenet; sa fille, Yvonette Moingeon de Corbeton, s'unit, le 8 février 1653, à messire Nicolas Bichot, conseiller du roi, receveur des impositions du bailliage d'Arnay, fils de messire Philibert Bichot, receveur des impositions à Châteauneuf, et de Claire Grangier-Pierre Moingeon, était conseiller du roi, maître en chirurgie à Dôle en 1682; Claude, avocat en Parlement, procureur-syndic à Arnay en 1687; Louis, échevin d'Arnay en 1707; Claude, conseiller du roi, greffier en chef du grenier à sel d'Arnay-le-Duc en 1700, échevin en 1712;

Jean Moingeon, avocat en Parlement en 1700 ; Philippe, échevin d'Arnay en 1728 ; Louis Moingeon, lieutenant-criminel au bailliage d'Arnay de 1766 à 1779, marié à Etiennette, fille de Marcelin Bonnard, écuyer, seigneur du Coudray et de Chassenay, et de Marie Moingeon ; Gabrielle Moingeon de Neuilly, fille de Claude Moingeon, et de Gabrielle Ponsot, dame de Neuilly et de Maligny, épousa Claude Testot, fut mère de Gabriel Testot de Maligny, écuyer, capitaine de cavalerie et chevalier de Saint-Louis, et bisaïeule d'Anne Pierrette Testot de Maligny, épouse de Guy Loydereau, lieutenant-criminel au bailliage. — Le 9 avril 1693, Jeanne Moingeon était veuve de Denis de Champeaux, écuyer, dont le petit-fils, capitaine au régiment de Nice et chevalier de Saint-Louis, fut le bisaïeul de M. Ludovic de Champeaux de Thoisy, propriétaire actuel du château de Villeneuve-les-Essey, près Pouilly-en-Auxois. — L'arrière-petite-nièce de Madame Denis de Champeaux, demoiselle Charlotte Moingeon, épousa Pierre, fils de André de Roye (1)

---

(1) Roye, alias De Roye et Deroye, famille ancienne, originaire de Picardie, dont les armes sont de gueules à la

et de Jeanne Foisset, et fut la trisaïeule maternelle de l'auteur de ce travail. Née à Arnay le

bande d'argent. Devise : *Virtus et honos.* En 1360, Mathieu de Roye fut envoyé comme ôtage du roi Jean en Angleterre; son cousin, messire Jacques de Roye, écuyer, après la mort du roi de France (1365), servit dans les rangs de l'armée anglaise, se maria dans la Grande-Bretagne et y laissa postérité. Ses descendants se firent protestants sous Henri VIII et refusèrent, lors de la réaction religieuse de 1555, sous la reine Marie, d'abdiquer la religion réformée. Leurs biens furent alors confisqués, leurs têtes mises à prix. Les petits-fils de Jacques de Roye parvinrent à échapper aux bûchers et aux flammes, et se réfugièrent en Hollande (*) et en France; en 1685, lors de la Révocation de l'Edit de Nantes, ils abandonnèrent — non sans regrets — la religion protestante et embrassèrent le catholicisme. La famille de Roye, par les Moingeon surtout, est alliée ou parente à toute la haute bourgeoisie arnetoise; citons seulement les maisons Voisenet, Bonamour, Ban (du), Bonnard, Testot, Raudot, Valon, Factet, Guiot, Bouvand, Lantissier de La Cour, Pinot, Godard, Champeaux de Thoisy, Thibault d'Athy, Chavansot de Granthille, Loydreau, Bichot de Corbeton (**), etc. Louis de Roye, receveur des finances, mort le 27 octobre 1830, avait épousé Marguerite, fille de François Edouard et de Marguerite Bouzereau, proche parente de Mme Chevignard de La Palu, née Claudine Bouzereau de Creot. Pierre de Roye, mari de Charlotte Moingeon, laissa entre autres un fils, André de

---

(*) Les Roye de Hollande se fixèrent plus tard en Belgique et en Flandre. Ils sont connus aujourd'hui sous le nom de Roye, comte de Wichen, et timbrent d'une couronne de marquis. Ils écartèlent aux 1 et 4 de Roye, aux 2 et 3 de gueules au crampon d'argent chargé d'un marteau du même, emmanché et couronné d'or brochant en fasce. (V. le vicomte de Magny, p. 19).

(**) La maison de Roye est aussi alliée à la famille de S. Exc. M. Ernest Pinard, ministre de l'intérieur.

25 juin 1766, et morte au même lieu le 19 octobre 1849, Henriette-Elisabeth-Jeanne Moingeon épousa Philibert-François Chavansot de Granthille, fils de Charles Chavansot, écuyer, seigneur de Granthille, ancien capitaine d'infanterie, et de Marie-Pierrette-Elisabeth Marillier; Philibert Moingeon, avocat en Parlement, s'unit en 1770 à demoiselle Marie Logerot, sœur d'un substitut au Parlement de Bourgogne; il en eut une fille, Elisabeth Moingeon, née à Arnay le 29 novembre 1772, mariée à François-Jean-Baptiste Thibault d'Athy, lieutenant-colonel, chevalier des ordres de Saint-Louis, de la Légion-d'Honneur, de Saint-Jean de Jérusalem et du Phénix de Hohenlods,

Roye, qui épousa Marie Monnot, d'une famille originaire de Dracy, près Arnay, qui a donné des officiers au bailliage de Saulieu, des prêtres à la ville d'Arnay, un conseiller du roi, contrôleur des mortes payes en Bourgogne, etc., André de Roye eut de Marie Monnot deux fils : l'aîné est mort officier à la retraite désastreuse de Russie ; le plus jeune, Pierre de Roye, s'était uni à Reine, fille de Charles-Antoine Chevalier et de Reine Roze, et arrière-petite-fille de Charles Chevalier, capitaine d'infanterie et chevalier de Saint-Louis en 1746. De ce mariage vint une fille unique, Marie-Antoinette, mariée à Auguste Albrier, issu d'une famille de Savoie alliée entre autres à celle de Son Eminence le cardinal Billiet, archevêque de Chambéry, sénateur, commandeur de la Légion-d'Honneur, etc.

fils de Charles-Antoine Thibault d'Athy, écuyer, seigneur d'Athy, et de Marie Varenne.

Citons encore Antoine Moingeon, conseiller grenetier au grenier à sel de Beaune le 17 juin 1740, dont la fille fut mariée à M. Pierre-Marie-Félicité Guiot, avocat, propriétaire à Beaune, et N..... Moingeon, épouse de M. Etienne Follot et aïeule du spirituel et aimable docteur Follot qui, dans les loisirs de sa noble profession, cultive, non sans succès, la poésie.

XXVIII

1662. Henry Larcher : d'azur à trois fasces ondées d'or, surmontées d'un arc-en-ciel de même. (V. le n° XII.)

XXIX

1663. Jean-Baptiste Languet : armes d'azur à un triangle d'or cliché et renversé, chargé de trois molettes d'éperon de gueules posées à chaque extrémité du triangle. (V. le n° XIX.)

XXX

1665. Philippe Thibert de Sivry : armes d'azur à une bande d'or chargée de trois fers de pique de sable et accompagnée de deux mouchetures d'hermine. Philippe Thibert, écuyer, seigneur de Sivry, maire d'Arnay en 1665 et 1670, était receveur des deniers royaux du bailliage d'Arnay-le-Duc; il ne laissa qu'une fille, Jeanne Thibert de Sivry, qui épousa Philippe Languet, lieutenant civil au bailliage d'Arnay de 1674 à 1712, et qui fut mère de Charles Languet, écuyer, seigneur de Sivry, mort en 1747, receveur des deniers royaux et maire d'Arnay-le-Duc. Une branche de la famille Thibert a figuré à la Chambre des Comptes de Bourgogne et de Bresse : elle portait d'azur à un rosier d'or supporté d'un croissant d'argent et accompagné en chef de deux étoiles d'argent.

XXXI

1667. François Languet : armes d'azur à un triangle d'or cliché et renversé, chargé de trois molettes d'éperon de gueules posées à chaque extrémité du triangle. (V. le n° XIX.)

XXXII

1670. Philippe Thibert de Sivry : armes d'azur à une bande d'or chargée de trois fers de pique de sable, et accompagné de deux mouchetures d'hermine. (V. le n° XXX.)

XXXIII

1675. Jean-Baptiste Languet : armes d'azur à un triangle d'or cliché et renversé, chargé de trois molettes d'éperon de gueules posées à chaque extrémité du triangle. (V. le n° XIX.)

XXXIV

1677. François Valon : armes d'azur à une fasce d'or accompagnée d'une étoile de même, et en pointe d'une gerbe aussi d'or posée dans un vallon de même ; famille originaire de Boux-sous-Salmaise, dont une branche est entrée aux Etats de Bourgogne, et a figuré avec honneur dans les annales de la province. Cette branche, qui portait d'azur à la licorne d'argent, remonte à Denis Valon, châtelain de Salmaise, mort à Boux en 1483 ; dans cette branche, on remarque : Nicolas Valon, seigneur de Barain, conseiller au Parlement de Dijon, 1554; Claude Valon, gouverneur de Flavigny durant la Ligue; Richard Valon de Mimeure, baron de Couchey, mort en 1709, conseiller au Parlement de Dijon, et père de Jacques-Louis Valon, marquis de Mimeure, lieutenant général des armées du roi, chevalier de Saint-Louis et membre de l'Académie française.

La branche, qui a figuré à Arnay a fourni aussi des officiers aux bailliages d'Avallon. Parmi ses membres nous citerons : François Valon, échevin d'Arnay en 1662, maire en 1677; Pierre, prêtre mépartiste à Arnay; François, conseiller du roi, greffier en chef du bailliage d'Avallon, 1685 ; noble Pierre Valon, marié à Antoinette-Pierrette Poussy, de Semur, et père de Jeanne Valon, femme, le 16 février 1699, de Claude Varenne, avocat au Parlement, fils de Jacques Varenne, con-

(1) Cette famille se disait faussement originaire de Flandres. Paillot et M. Ch. Muteau ont suivi cette donnée tout à fait erronée. Voir, sur l'origine de cette maison, le Fief de Posanges, par J. d'Arbaumont, apd. *Revue Nobiliaire*, 1867.

seiller du roi, procureur au bailliage et siége présidial de Semur, et de Reine-Françoise Sandrot ; Jacob Valon, conseiller du roi, et son avocat au bailliage d'Avallon en 1699 (1).

XXXV

1679. Philippe Languet : armes d'azur à un triangle d'or cliché et renversé, chargé de trois molettes d'éperon de gueules posées à chaque extrémité du triangle. (V. le n° XIX.)

XXXVI

1681. Bernard Bonnard : armes d'azur à un arc bandé décochant une flèche, le tout d'or ; *alias* d'argent à une flèche de gueules posée sur un arc tendu de même, et en chef un aigle de sable volant à senestre. (V. le n° XX.)

XXXVII

1683. Jean-Baptiste Nicolle : armes d'azur coupé d'argent à un phénix de l'un en l'autre, posé

(1) Nous croyons que les Valon, de Verdun-sur-le-Doubs, alliés à la famille de M. Abel Jeandet, etaient de la même maison.

sur un bûcher de gueules et regardant un soleil d'or, naissant du côté dextre du chef. Famille originaire d'Arnay-le-Duc. En 1637, Jean Nicolle était échevin d'Arnay ; en 1670, François Nicolle, procureur-syndic d'Arnay, notaire royal à Arnay, de 1670 à 1682. Citons encore Jean-Baptiste Nicolle, écuyer, conseiller-secrétaire du roi, maison couronne de France et des finances, échevin d'Arnay en 1679, maire en 1683 et 1693, subdélégué de l'intendance, etc. Cette famille a depuis longtemps quitté notre ville ; elle subsistait encore à Chartres en 1789.

XXXVIII

1685. Antoine Hernoux : armes d'argent à une balance d'azur supportée par deux lions affrontés de sable, lampassés et armés de gueules et accompagné en chef de deux étoiles d'argent et en pointe d'un croissant de même. Origine, Saint-Jean-de-Losne. Antoine Hernoux, conseiller et procureur du roi au bailliage d'Arnay, maire de cette ville en 1685, ne laissa pas de postérité de Marguerite Mugnier ; sa sœur épousa Philibert Lambert, conseiller du roi, contrôleur au grenier à sel d'Arnay. Le fils de Philibert Lambert, Pierre, avocat au Parlement, fut l'héritier d'Antoine Hernoux, et signa désormais Lambert d'Hernoux; il laissa un fils, Denis-Julien Lambert d'Hernoux, écuyer, officier supérieur, marié à Françoise Benoist d'Amoncourt.

La branche des Hernoux restée à Saint-Jean-de-Losne, portait d'azur à un chevron d'or accompagné de trois moineaux d'argent, un en chef et deux en pointe. En 1685, Charles Hernoux était conseiller du roi, notaire à Saint-Jean-de-Losne; en 1750, le 20 février, Nicolas Hernoux, son fils, se rend acquéreur du fief dit le Logis-du-Roi, à Saint-Jean-de-Losne; il avait épousé Jeanne Bricoin; on trouve ensuite Charles, seigneur du fief dit le Logis-du-Roi, dont il reprit de fief le 28 juillet 1750, avocat en Parlement, conseiller du roi au grenier à sel de Saint-Jean-de-Losne, mort en 1783; Antoine, juge de paix de Saint-Jean-de-Losne en 1812; Claude-Charles-Etienne Hernoux, officier de la Légion-d'Honneur, contre-amiral et député; Charles, seigneur du fief dit le Logis-du-Roi, dont il reprit de fief le 11 août 1784, avocat en Parlement, mort le 8 janvier 1806, président du Conseil général de la Côte-d'Or, marié à Anne-Françoise Gilles et père d'Etienne-Nicolas-Philibert Hernoux, né à Saint-Jean-de-Losne le 30 octobre 1777, avocat, maire de Dijon, député, mort à Dijon le 17 février 1858, sans enfants de Jeanne-Marie-Louise, fille de Bénigne Petitot, avocat, et de Marie Menu de Rochemont, petite-fille de Melchior-Louis Petitot, avocat en Parlement, et de Françoise Toussaint.

XXXIX

1687. Marc-Antoine Factet : armes de sinople à trois faux contournées d'argent et posées deux et une. Ancienne famille d'Arnay ; en 1557, François Factet était échevin d'Arnay ; en 1571 et en 1576, François, père de ce dernier, était échevin. On trouve encore François Factet échevin en 1605 ; François, échevin en 1646 ; Marc-Antoine, échevin en 1683, maire en 1687 ; Jean, conseiller du roi et son substitut au bailliage d'Arnay en 1685 ; Jean, conseiller du roi, contrôleur au grenier à sel d'Arnay en 1685 ; Etienne, avocat en Parlement en 1700, époux de noble demoiselle Catherine Lorenchet, dame de Tailly ; Jean, avocat en Parlement, marié à Marie-Louise Moingeon; Jean, avocat en Parlement, époux en 1650 de Madeleine, fille de messire Philibert Bichot et de Claire Grangier ; Marc-Antoine Factet, échevin d'Arnay en 1747, dont l'arrière-petit-fils, Guy Marie Factet, dernier du nom, est décédé à Sussey le 20 janvier 1840, à 70 ans. Guy-Marie Factet avait épousé Clémentine-Jeanne, fille de Jean-Baptiste Martenot de La Martinière, écuyer, et de Marguerite Caillery, petite-fille de Clément-Simon Martenot, écuyer, seigneur de La Martinière, et de Marie Thibaut ; Guy-Marie Factet de La Martinière n'eut qu'une fille, Marguerite-Etiennette-Antoinette Factet, qui épousa M. Bruzard, maire de Sussey, d'une ancienne famille noble alliée aux de Girardin, Arcelot de Dracy, Raudot, Guiod, etc.

XL

1689. Etienne Testot : armes d'argent à une tête de more de sable tortillée d'or et accompagnée en chef de deux étoiles de gueules. (V. le n° XXIII.)

XLI

1691. Louis Raudot : armes d'azur à un chevron d'argent chargé de trois trèfles de sable et accompagné en chef de deux étoiles d'argent et en pointe d'un croissant de même. (V. le n° XXV.)

XLII

1693. Jean-Baptiste Nicole : armes d'azur coupé d'argent à un phénix de l'un en l'autre, posé sur un bûcher de gueules et regardant un soleil d'or naissant du côté dextre du chef. (V. le n° XXXVII.)

XLIII

1713. Claude Languet de Sivry : d'azur à un triangle d'or cliché et renversé, chargé de trois molettes d'éperon de gueules posées à chaque extrémité du triangle. (V. le n° XIX.)

XLIV

1747. Philibert Reffort : armes d'or à deux raies ou poissons de sinople en pal. Cette famille n'a figuré que peu de temps à Arnay. En 1730, Pierre Reffort était échevin de la ville d'Arnay; en 1747, Philibert Reffort, avocat au Parlement, était maire perpétuel d'Arnay; il mourut en 1776; en 1755, Pierre Reffort était conseiller du roi, président au grenier à sel d'Arnay-le-Duc; il était mort en 1788; Pierre Reffort, avocat en Parlement, est mort vers 1838, sans postérité, laissant pour héritier Albert-Andoche Guiod, avocat à Beaune, fils de Charles-Marie-Andoche Guiod, avocat, et de Suzanne Menassier. La famille Reffort est originaire de Montbard (1).

(1) Elle était alliée à la maison Guiod : celle ci, dont Montbard aussi est la patrie, a produit plus d'un homme distingué; rappelons seulement Michel-Simon Guiod, tué à Eylau en 1807, colonel et officier de la Légion-d'Honneur, qui de Jeanne-Louise-Pierrette-Antoinette-Sophie Nadault, nièce du grand Buffon, laissa un fils, Alphonse-Simon Guiod, aujourd'hui général de division et commandeur de la Légion-d'Honneur; les Guiod portent d'or, au chevron de gueules chargé de trois étoiles d'argent.

XLV

1776. Philibert Moingeon : armes d'azur à deux pals d'argent. (V. le n° XXVII.)

Philibert Moingeon donna sa démission en 1790 ; la révolution commençait, une nouvelle constitution était inaugurée. Dès lors la mairie passe dans les mains plutôt de la petite que de la haute bourgeoisie ; nous donnerons toutefois, pour compléter notre travail, quelques détails sur les familles des maires qui ont occupé ces fonctions depuis 1790 jusqu'à nos jours.

XLVI

1790. Antoine Guiot : armes de sinople à un lion rampant d'or, accolé d'azur à un chevron d'or accompagné de trois coquilles d'argent posées deux et une. En 1685, Antoine Guiot était maire de Tournus ; son neveu Antoine, avocat au Parlement, avait épousé demoiselle Jeanne Lambert (des Lambert d'Hernoux). Il eut deux enfants : 1° Antoine, dont nous allons parler ; 2° Jeanne, mariée à Toussaint Bullier, célèbre avocat du Parlement de Bourgogne, puis conseiller du roi et son procureur général à la table de marbre du Palais à Dijon, né à Viécourt, le 22 août 1697, mort très regretté à Dijon en 1770. Antoine Guiot naquit à Arnay en 1737, servit dans la gendarmerie de la maison du roi, fit les campagnes de Hanovre, devint ensuite avocat, échevin d'Arnay en 1776, et président du tribunal du district (1). Député aux Etats généraux de 1789, maire d'Arnay en 1790, il mourut à Paris le 11 novembre 1790, d'une attaque de goutte. Il avait épousé la fille unique d'Elie Bullier, ancien dragon, greffier en chef des bailliage et chancellerie d'Arnay-le-Duc, frère de Toussaint Bullier et neveu du grand-prévôt de la maréchaussée, Bullier de Viécourt, gendre de lord Ogilvy, irlandais réfugié. Citons encore parmi les membres de cette famille, Antoine Guiot, avocat, adjoint au maire d'Arnay de 1817 à 1821,

(1) A ce tribunal aussi siégea comme juge mon arrière-grand-oncle Symphorien Albrier, dont l'esprit droit et le sens pratique surent concilier bien des querelles. Né à Couverclas, petit fief de la paroisse des Chapelles (Savoie), le 1ᵉʳ mai 1742, maire de la commune de Saint-Prix en 1791, il mourut à Sivry-les-Arnay le 20 vendémiaire an XIII.

né à Arnay le 18 février 1777, mort au même lieu le 3 novembre 1839, marié à Elisabeth-Françoise, fille de Charles Theveneau de Morande et d'Elisabeth Sain-Clair, et père d'Antoine-Charles-Louis, décédé sans alliance, et de Louise, épouse du docteur Follot.

XLVII

1791. Alexis-Guy Raudot : armes d'azur à un chevron d'argent chargé de trois trèfles de sable et accompagné en chef de deux étoiles d'argent et en pointe d'un croissant de même. (V. le n° XXV.)

XLVIII

1792. Claude-Philippe Billequin. Ce maire appartenait à une famille étrangère à la cité arnétoise. Claude-Philippe Billequin, docteur en médecine, membre de la commission municipale provisoire le 25 août 1789, officier municipal élu en 1790, maire de 1804 à 1815 et durant les Cent-Jours, mourut à Arnay sans postérité, laissant pour héritier son frère, M. le major Billequin.

XLIX

1794. Louis-Claude-Henry-Alexandre Theveneau : armes d'azur à cinq trèfles d'or posés deux, deux et un. Origine : Autun. Louis Theveneau, conseiller du roi, notaire et procureur à Arnay, fut échevin de cette ville en 1748 et 1750. Il avait épousé Philiberte Belin, dame de Villiers, dont elle reprit de fief en 1786 ; de ce mariage vinrent : 1° Charles, dont nous allons parler; 2° Lazare-Jean Theveneau, écuyer, seigneur de Francy, né à Arnay en 1748, ami et correspondant de Beaumarchais, successivement élève de l'école de marine, conseiller-secrétaire du roi, maison couronne de France et des finances près la chancellerie à Paris, capitaine de marine au service des colonies en 1778, mort à Dunkerque en 1783, sans postérité de Philiberte Guichot, dame de Vercongey ; 3° Louis-Claude-Henry-Alexandre, maire d'Arnay en 1794, échevin de cette ville en 1785 ; 4° Rose-Nicole, femme de Jean-Baptiste Duclos, conseiller à la Cour de Dijon, fils d'Edme Duclos et de Pierrette Boyer ; Rose-Nicole Duclos laissa une fille, Marie-Rose, mariée à

Jean-Paul-Bernard Nault, procureur général près la Cour de Dijon, officier de la Légion d'honneur, fils d'Emilien-Joseph Nault, avocat au Parlement de Bourgogne et de Marie Lacoste; Mme Nault est décédée à Dijon sans postérité, le 8 mars 1866 (1).

Charles Theveneau, co-seigneur de Morande, naquit à Arnay le 9 novembre 1741; nous nous proposons d'écrire la vie de ce pamphlétaire; nous n'en dirons donc rien ici.

Charles de Morande, mort à Arnay le 6 juillet 1805, avait épousé Elisabeth Sain-Clair, il en eut : 1° Elisabeth-Françoise, née à Londres le 21 février 1779, mariée à Antoine, fils d'Antoine Guiot, morte à Arnay le 23 mai 1833; 2° Henriette, née à Londres le 1er septembre 1780, décédée sans alliance à Arnay le 11 août 1850; 3° Georges-Louis de Morande, né à Londres en 1781, mort à Autun, époux de N... Villedey et père de cinq filles, dont trois sont mortes sans alliance; la quatrième, Rose-Antoinette de Morande, n'est pas mariée; la

(1) La famille Nault, ancienne en Bourgogne, porte d'azur au lion d'or. Un de ses membres, Denis Nault, avocat au Parlement, fut conseiller ordinaire du prince de Condé au commencement du XVIIIe siècle.

cinquième, enfin, Henriette de Morande est religieuse au couvent du Bon-Pasteur, à Limoges.

L

1800. Nicolas-Denis Cattin : armes de gueules à un chat courant d'argent. Origine, Nolay. En 1724, Pierre Cattin était échevin d'Arnay-le-Duc ; de 1718 à 1742, Nicolas Cattin était conseiller du roi, notaire à Arnay ; de 1750 à 1777, Charles-Melchior Cattin était de même conseiller du roi, notaire à Arnay ; en 1753, il était échevin de la ville ; de 1777 à 1779, Pierre Cattin était conseiller du roi, notaire à Arnay. En 1785, Denis Cattin était conseiller procureur du roi aux bailliage et chancellerie d'Arnay ; en 1789, Nicolas-Denis Cattin faisait partie de la commission municipale provisoire d'Arnay, nommée le 25 août ; enfin, de 1800 à 1804, il exerça à Arnay les fonctions de maire. Nicolas-Denis Cattin a laissé deux fils, dont l'un est mort officier supérieur en retraite, et l'autre est décédé à Nolay il y a peu d'années. Alliance avec la famille La Virotte.

LI

1804. Claude-Philippe Billequin, destitué par la Restauration. (V. le n° XLVIII.)

LII

1815. Pierre de Bouvand : armes d'azur à deux boucs au naturel affrontés d'argent et accompagné de deux étoiles d'or en chef. Ancienne famille arnétoise : en 1599, Jean de Bouvand était échevin d'Arnay et contrôleur au grenier à sel d'Arnay ; en 1670, Jean de Bouvand était conseiller du roi et son avocat au bailliage d'Arnay-le-Duc ; il avait épousé Marie Moingeon ; en 1685, Louis de Bouvand était conseiller du roi et greffier du bailliage d'Arnay ; en 1700, Pierre était avocat en Parlement ; de 1733 à 1776, Jean de Bouvand était conseiller du roi, notaire et procureur à Arnay ; en 1775, Jean-Baptiste de Bouvand était conseiller du roi, secrétaire de l'hôtel de ville d'Arnay ; en 1754, Jean était échevin d'Arnay ; enfin Pierre de Bouvand, né à Arnay le 20 août 1752, était échevin en 1783, procureur-syndic en 1785 et maire en 1815 ; il mourut à Arnay le 12 avril 1820 ; il avait épousé Marie-Marguerite-Theresse Michateau, fille d'un procureur au bailliage, morte le 5 octobre 1824, à 81 ans.

LIII

1815. Claude-Philippe Billequin, appelé pour la troisième fois à la mairie. (V. le n° XLVIII.)

LIV

1816. Jean-François Raudot : armes d'azur à un chevron d'argent chargé de trois trèfles de sable et accompagné en chef de deux étoiles d'argent et en pointe d'un croissant de même. (V. le n° XXV.)

LV

1817. Jean-Baptiste-Marie Pinot : armes d'azur à trois pins d'or. Famille originaire de Bourbon-Lancy (Saône-et-Loire); en 1679, noble Gilbert Pinot, seigneur d'Arcy, était major au régiment d'Enghien. La filiation suivie de cette famille n'a pu être établie par nous que depuis 1675.

1° Noble Gaspard Pinot, conseiller du roi, notaire à Bourbon-Lancy, né en cette ville en 1675, mort au même lieu le 31 mars 1750, épousa Bernarde Chantereau, décédé le 11 juillet 1745, à 70 ans. Il laissa : 1° Jean-Marie, rapporté plus loin; 2° Gaspard, né vers 1704, conseiller du roi et son procureur aux bailliage et chancellerie de Bourbon-Lancy, mort le 10 novembre 1764, marié à mademoiselle Bacquelot et père de A.–N... Pinot, prévôt de la collégiale d'Autun, mort en 1802; B.-Jeanne-Marie-Bernarde, femme de noble Ignace Verchère, intendant des eaux minérales de Bourbon-Lancy, dont le fils Eugène Verchère épousa sa cousine mademoiselle Pinot; C.-Jacques-Gaspard, conseiller du roi et son procureur au bailliage de Bourbon Lancy, mort le 4 février 1793, laissant de Marie-Roze Jourdier, décédée le 14 décembre 1816 : I, N., épouse de son cousin Eugène Verchère; II, Louise-Antoinette, mariée le 23 pluviôse an III à Jean-Claude-Antoine Bijon, conseiller à la Cour de Dijon, fils de Jean Bijon et d'Henriette Regnard; III, Jean-François-Gaspard Pinot, marié en 1805 à Caroline Potrelot de Grillon, mort en 1812, père de N..., morte jeune, et de Louise, femme en 1826 de Guillaume-Hippolyte, comte de Chargères, ancien capitaine de cuirassiers, fils de Charles de Chargères, comte du Breuil, marquis de Curdin, baron de la Motte et de Marguerite du Crest (1).

(1) Sur la famille du Crest, voir notre travail relatif à

2° Noble Jean-Marie Pinot, docteur en médecine de la Faculté de Montpellier, intendant en survivance des eaux minérales de Bourbon-Lancy, médecin-inspecteur de toutes les eaux minérales du Bourbonnais, membre correspondant de l'Académie de Dijon, auteur d'un grand nombre d'ouvrages, épousa en 1738 Louise de La Chère, dont le frère fut marié à mademoiselle Curé de La Chaumelle. De ce mariage vinrent : 1° Gaspard, mort en bas âge ; 2° Antoine-Bernard, dont nous allons parler ; 3° Jean-Marie-Claude, né en 1742, mort en 1816, président du tribunal de Moulins, marié à Mademoiselle Durand, et père d'une fille, épouse de M. Boyron, avocat à Moulins ; 4° Gaspard, dont nous parlerons plus loin ; 5° Philibert, né en 1744, mort jeune ; Louise-Françoise, née en 1748, morte fille à Bourbon-Lancy le 27 juillet 1814.

3° Noble Antoine-Bernard Pinot, naquit à Bourbon-Lancy le 13 mars 1741, entra aux chevau-légers d'Orléans en 1757, et fut successivement gendarme dans la compagnie d'Orléans en 1763, et dans celle de Monsieur en 1776,

la noblesse de Savoie aux Etats de Bourgogne. — Chambéry, 1867.

brigadier en 1782, et maréchal des logis en 1787 ; réformé en 1788 lors du licenciement du corps, il reçut le grade de capitaine ; en 1782, il avait été décoré de la croix de Saint-Louis. Il avait épousé Lazarine Goudier, d'où : 1° Jean-Marie, qui suit ; 2° Jean-Marie-Magdeleine, mort le 10 juillet 1810, chef d'escadron ou lieutenant-colonel ; 3° Louis-Gaspard, docteur en médecine, mort à Dole (Jura), le 15 novembre 1816, laissant de Julienne Richarde-Eléonore-Bernarde Mongenet de Renaucourt : A.-Jeanne-Lazarette-Marguerite-Gasparde, mariée le 23 août 1824 à Philippe-Joseph Lorenchet de Montjamont, président du tribunal de Dijon, fils de Jacques-Gabriel Lorenchet, écuyer, seigneur de Montjamont et de Marie-Colombe-Augustine Le Clerc de Ruffey, décédée sans postérité ; B.-Antoinette-Eléonore-Bernarde, épouse le 17 mars 1828 d'Henry Maulbon d'Arbaumont, conseiller à la Cour de Colmar, fils de messire Louis-Charles Maulbon d'Arbaumont, président, trésorier général de France au bureau des finances de Dijon, et de Marie-Marguerite-Joseph Lardillon ; de ce mariage est né un fils à Colmar, le 1er mars 1831 ; Jean-Jules-

Maulbon d'Arbaumont, membre de plusieurs sociétés savantes. C'est à M. Jules d'Arbaumont que nous devons communication des détails qui précèdent sur la famille Pinot; C.-Gasparine-Marguerite-Zoé, femme, le 16 août 1830, de Jean-Pierre Barbanson, commandeur de l'ordre de Léopold, membre du sénat belge; D. Esther-Marie-Jacqueline, mariéà Pierre-Gaspard de Maillard, fils de Pierre-Marie de Maillard, écuyer, et de Marie Jeanne de Certain de la Méchaussé, d'où un fils, Fernand de Maillard.

4° Jean-Marie Pinot naquit à Bourbon-Lancy le 27 décembre 1774 : il fut maire de la ville d'Arnay de 1817 à 1830 et de 1841 à 1848, chevalier de la Légion-d'Honneur, membre du Conseil général de la Côte-d'Or, de la Commission départementale des antiquités, docteur en médecine, etc. Il mourut à Arnay le 18 décembre 1857 ; il avait épousé Claudine-Antoinette Lantissier de la Cour, cousine de demoiselle Marie Batault, femme de Louis-Philippe de Roye, proche parent de l'auteur de ce travail ; Jean-Marie Pinot fut père de : 1° Pierrette-Lazarette, née à Arnay le 13 octobre 1799, morte au même lieu le 10 novembre 1832, sans postérité de Louis-Fortuné

Quarré de Château-Régnault, chevalier, comte d'Aligny, fils d'Etienne Quarré de Château-Régnault, chevalier, comte d'Aligny, chevalier de Saint-Louis, et de Marceline-Modeste de Damoiseau ; 2° Louis-Gaspard qui suit ; 3° Marguerite-Antoinette-Elisabeth, mariée à Jean-Marie Loydreau de Neuilly, chevalier de la Légion-d'Honneur, ancien capitaine d'infanterie, conseiller d'arrondissement, maire de Maligny, etc., fils de Guy Loydreau de Neuilly, lieutenant de louveterie, et de Marguerite-Antoinette Compain. De ce mariage est né un fils, Edouard Loydreau de Neuilly, docteur en médecine, maire de Chagny, membre de la Société d'histoire et d'archéologie de Chalon-sur-Saône, etc.

5° Louis-Gaspard Pinot naquit à Créancey le 28 août 1801, et mourut à Arnay-le-Duc le 17 décembre 1859. Il fut chef de bataillon, chevalier de la Légion-d'Honneur, maire de la ville d'Arnay de 1852 à 1859, membre du Conseil départemental de l'instruction publique, de la Commission administrative des hospices, etc. ; il avait épousé Alexandrine Tardy de Montravel (1), sœur de l'amiral de ce

(1) Mme Pinot est fille de Marie-Alexandre-Auguste Tardy, écuyer, baron de Montravel, et d'Albertine de Bohun.

nom; il en eut un fils, Julien Pinot, qui n'est pas marié.

3° Gaspard Pinot, 4° fils de noble Jean-Marie Pinot et de Louise de La Chère, naquit à Bourbon-Lancy le 11 octobre 1743, et épousa : 1° le 17 janvier 1768 N... Coujard de La Planche, morte en 1770, d'où une fille décédée en 1772; 2° en 1773, Catherine Jourdier, d'où : 1° N..., mort en bas âge; 2° Antoine, qui suit; 3° Joseph, marié en 1798 à Louis Le Clerc de Juvigny, mort en 1801, laissant un fils décédé en bas âge; 4° Bernarde-Rose, femme en 1807 de N... Albon-Manor.

4° Antoine Pinot, docteur en médecine, maire de la ville de Bourbon-Lancy, conseiller d'arrondissement, membre de la Commission administrative des hospices, se maria en 1806 à Marguerite Frappet, et en eut Louis-Antoine, qui suit.

5° Louis-Antoine Pinot, représentant actuel de la branche de Bourbon où il habite, a été maire de sa ville natale, et est membre du Conseil général de Saône-et-Loire, de la Commission administrative des hospices, etc.; il a épousé mademoiselle Jordan et en a eu un fils.

LVI

1830. (17 octobre), François Bourceret : origine, Rouvres-sous-Meilly. François Bourceret, maire de la ville d'Arnay, receveur de cette ville, avait épousé Jeanne-Pierrette Lambert, fille d'un avocat au bailliage. Il laissa : 1° Etienne-François Bourceret, né à Arnay le 21 février 1788, décédé au même lieu le 6 avril 1817, ancien capitaine-adjudant-major au 10° de ligne, marié à Pauline, fille de messire Joseph Godard, seigneur de Bàrive et de Fouchey, lieutenant criminel au bailliage d'Arnay-le-Duc, et de Marie-Joséphine Lardet, et nièce de messire Jacques-Michel Godard, seigneur de la Chaume, gentilhomme servant du roi, cousin germain de la bisaïeule maternelle de l'auteur de ce travail; les Godard portent d'or à la bande d'azur chargé de trois défenses de sanglier d'argent (1). Etienne-François Bourceret laissa une fille, Hortense, épouse de Nicolas-Charles Bertucat; 2° Guy Bourceret, docteur en médecine, ancien membre du Conseil général de la Côte-d'Or et du Conseil d'arrondissement de

V. l'*Armorial d'Hozier*, à la Bibliothèque impériale.

Beaune, mort en octobre 1867, marié à Thérèse, fille de Jacques Godard et de Thérèse du Bosc, d'où : 1° Eugénie, décédée à 14 ans le 1er juin 1836 ; 2° Eugène, né en 1815, mort en 1820 ; 3° Hippolyte, élève interne des hôpitaux de Paris, mort le 27 février 1849 dans sa vingt-deuxième année ; 4° Jacques-François Camille, né à Arnay en 1817, mort à Pau le 14 août 1862, avocat à la Cour de Dijon, puis magistrat à Châtillon, et enfin membre du Conseil général de la Côte-d'Or, écrivain de talent et poëte de mérite : ses œuvres, restées inédites, méritent d'être livrées à la publicité. Camille Bourceret avait épousé en 1851 Mademoiselle Henriette Perrenet, de Dijon, et en a eu un fils.

LVII

1830. (29 novembre), Claude Bonamour : armes d'or à un cœur de gueules. (V. le n° VII.)

LVIII

1841. Jean-Baptiste-Marie Pinot : armes d'azur à trois pins d'or. (V. le n° LV.)

LIX

1848. Michot-Pascal. M. Michot, qui est né à Arnay vers 1800, est aujourd'hui à la tête d'une importante usine : une fabrique de limes qui occupe plus de 200 ouvriers. Une de ses parentes a épousé M. Proutat, habile ingénieur à qui l'on doit plus d'une invention utile ; une autre s'était unie à M. Thomeret, décédé prématurément dans toute la force de l'âge.

LX

1849. Jean-Baptiste-Nicolas-François Duroussin : armes de sinople à trois chevrons d'or. Famille originaire de Mont-Saint-Vincent. Jean-Baptiste Duroussin, marié à Mademoiselle de La Troche, fut avocat en Parlement et père de :

1° Gaspard-Louis Duroussin, échevin d'Arnay en 1788, marié à N..., fille de Claude Bonamour, conseiller du roi, docteur en médecine à Arnay, et sœur de Pierre-Louis Bonamour, écuyer, officier d'infanterie, d'où Jean-Baptiste-Nicolas-François Duroussin, docteur en médecine, adjoint au maire d'Arnay de 1832 à 1834, maire de 1849 à 1852, né à Arnay le 21 mars 1782, mort au même lieu le 3 mars 1852, laissant un fils, le docteur Jean-Baptiste-Nicolas-François Duroussin, adjoint au maire d'Arnay.

2° Charles Duroussin, avocat au Parlement, député de Saône-et-Loire à l'Assemblée législative de 1791, père de Charlotte-Sophie-Elisabeth, mariée à Jean-Claude Vernier, inspecteur des eaux et forêts à Louhans, d'où Théodore-Michel Vernier, né à Louhans en 1810, officier de la Légion-d'Honneur, conseiller d'Etat, membre de la Commission des antiquités de la Côte-d'Or, ancien député, ancien vice-président du Corps législatif, ancien maire de Dijon, ancien membre du Conseil général de la Côte-d'Or, homme d'un grand talent et d'une science profonde, aussi versé en questions administratives qu'en questions juridiques.

LXI

1852. Louis-Gaspard Pinot : armes d'azur à trois pins d'or. (V. le n° LV).

LXII

1852. Jean-François-Jules Le Riche (1), origine : Nivernais. M. Jules Le Riche, maire de la ville d'Arnay de 1859 à 1865, juge suppléant au tribunal de paix du canton d'Arnay, membre du Conseil d'arrondissement de Beaune de 1861 à 1867, a épousé Mlle Leflaive, fille de M. Leflaive, maire d'Agencourt et membre du Conseil d'arrondissement; il est fils de M. Le Riche, receveur principal des poudres et tabacs en retraite, et de Mlle Adeleine, sœur de Joséphine Adeleine, épouse de Louis, fils de Félix-Sulpice de Bast, écuyer, colonel de gendarmerie, et d'Anne Benoit de Lostang; M. Jules Le Riche est donc cousin germain avec M. Louis de Bast, juge suppléant au tribunal de Dijon, époux de Mlle Lallemand de Villers.

LXIII

1865. Jean-Baptiste Faivre, origine : Dijon. Jean-Baptiste Faivre, maire actuel de la ville

(1) Si nous ne nous trompons, la famille Le Riche porte d'azur à une ancre d'argent, accompagnée de trois étoiles du même, une en chef et deux en pointe.

d'Arnay, précédemment adjoint au maire, est président de la commission administrative de l'hospice, président du bureau de bienfaisance, etc. Il a épousé Philippine, fille de Charles David, propriétaire à Arnay, et de Pierrette Bidault, petite-fille d'Antide David, propriétaire, et de Jacquette Chevalier. Lui-même est fils de Jean-Baptiste Faivre, propriétaire à Arnay, et d'Antoinette Roze, dont la mère, Anne Chevalier, descendait de Charles Chevalier, capitaine d'infanterie et chevalier de Saint-Louis (v. la note du n° XXVII). Grâce à la parfaite obligeance de M. Faivre-David, il nous a été permis de compulser les archives d'Arnay et surtout les actes de l'état-civil; nous ne saurions trop le remercier.

Dijon, imprimerie J.-E. Rabutôt.

www.ingramcontent.com/pod-product-compliance
Lightning Source LLC
LaVergne TN
LVHW050601090426
835512LV00008B/1284